宁波市金融消费权益保护环境评估报告

2014—2017

Assessment on the Environment of Financial Consumer Protection in Ningbo

中国人民银行宁波市中心支行
宁波诺丁大学 ◎ 著

中国金融出版社

责任编辑：王素娟
责任校对：孙 蕊
责任印制：张也男

图书在版编目(CIP)数据

宁波市金融消费权益保护环境评估报告（Ningboshi Jinrong Xiaofei Quanyi
Baohu Huanjing Pinggu Baogao）（2014—2017）/中国人民银行宁波市中心支
行，宁波诺丁汉大学著.—北京：中国金融出版社，2018.7
　ISBN 978-7-5049-9679-4

　Ⅰ.①宁… Ⅱ.①中… ②宁… Ⅲ.①金融市场—消费者权益保护法—研究
报告—宁波—2014-2017　Ⅳ.①D927.553.228.04②D927.553.384

　中国版本图书馆CIP数据核字（2018）第165927号

出版
发行　**中国金融出版社**

社址　北京市丰台区益泽路2号
市场开发部　（010）63266347，63805472，63439533 (传真)
网 上 书 店　http://www.chinafph.com
　　　　　　（010) 63286832，63365686 (传真)
读者服务部　（010) 66070833，62568380
邮编　100071
经销　新华书店
印刷　北京侨友印刷有限公司
尺寸　169毫米×239毫米
印张　14.25
字数　216千
版次　2018年7月第1版
印次　2018年7月第1次印刷
定价　60.00元
ISBN　978-7-5049-9679-4
如出现印装错误本社负责调换　联系电话(010) 63263947

本书课题组

课题总顾问：余文建　王靖国　朱　红

课题组组长：朱文剑

课题组副组长：周伟军

课题组成员：李巧琴　鞠志杰　金小平　华秀萍
　　　　　　张恬恬　林　荫　周路阳　陈　诚
　　　　　　周　杰　葛　昊　蒋智渊　唐思静

序

习近平总书记在第五次全国金融工作会议上指出，要加快建立完善有利于保护金融消费者权益的机制。这一重要指示，凸显了在完善金融监管体制、打好防范金融风险攻坚战的过程中，加强金融消费权益保护的重大意义。加强金融消费权益保护，是世界各国对2008年国际金融危机经验教训总结后所形成的国际共识，也成为国际金融监管改革的重要内容，不仅有利于规范金融市场秩序和交易行为、减轻风险传递和扩散的危害，而且将维护金融稳定的关口前移至金融产品设计、金融交易规范以及金融消费者教育等方面，有利于防范系统性风险累积，提高金融体系的稳定性和可持续性。

金融消费权益保护环境评估是金融消费权益保护领域的一项系统性、基础性工作，也是一项开创性工作。开展金融消费权益保护环境评估有利于监管机构充分了解各相关主体的情况、已有政策法规的覆盖和实施情况、社会各方面环境的完善情况，提高政策法规出台的科学性和现实针对性，也有利于引导和促进金融生态圈中各方行为的优化，让金融消费者和投资者有改进自身行为的方向和选择产品服务的依据，让金融机构有竞争的动力和业务规范的压力。

2010年以来，人民银行在金融消费权益保护理论基础研究、规章制度设计、工作机制构建、保护模式探索、投诉平台建设等方面做了大量有益

第一篇
理论基础与评估实践

作抓手，不仅是履行工作职责的需要，而且在理论上具有生态扫描和行为范导的作用。

本部分揭示了金融消费权益保护工作的监管背景，跟踪了国际上金融监管与金融消保相关实践经验，阐释了金融消保环境评估工作的理论作用和现实价值，并且概述了评估工作的必要性。

（一）现代金融监管理论背景

1.金融监管失灵

早期西方经济学认为市场是资源配置的有效手段，在完全竞争状态下，自由市场中各参与主体的利益都将得到最大化。但在现实世界中，市场调节机制却常常会因受到社会条件、产品特性、竞争状态等诸多方面因素的影响而出现"失灵"的情况，使市场参与主体（或其中一部分参与者）的利益受到损害。

在金融市场中，"信息不对称"是造成消费者权益受损的主要原因之一。由于金融产品和服务的特殊性、金融消费者专业知识的匮乏和部分金融机构为追求自身利益最大化而采取故意隐瞒、误导信息等不法行为，在金融消费供求双方之间形成了一道天然的信息屏障，在一定程度上削弱了金融消费者的选择权，致使其无法作出最优的消费决策，同时巩固金融机构的垄断地位，最终对金融消费者的利益造成损害。

金融危机的历史性频发证明了市场对经济的调节作用是有限的，它无法分散系统性风险，即金融市场失灵。为了维护金融市场的稳定发展，充分发挥金融作为国民经济血脉的积极作用，政府对高风险高收益的金融机构、同业自律性组织以及中介组织采取行政手段、法律手段和市场手段所进行的监督管理，被称为金融监管。

金融业存在的市场失灵、司法失灵和监管失灵是现代金融监管产生和发展的重要原因。大规模资本流动的自由化和经济金融全球化在促进经济金融繁荣的同时，也在国际范围内加剧了传染效应（一家银行破产导致大批银行破产）和溢出效应（金融机构破产导致关联企业资金链断裂而破产，进而增加失业），加深和扩大了金融危机的影响。金融危机导致的国民经济严重倒退使得金融监管的产生和发展成为必然。

司法失灵是金融监管产生和发展的另一个原因。在健全、独立、公正的司法体系中，金融消费合同应起到约束交易双方、保护金融消费者的作用。但在实际运行过程中，面对司法独立性不足、司法判决耗时较长、司法体系无法适应金融创新的高速发展的情况，金融消费者合法权益很难得到及时、有效保护。

金融监管机构应当作为司法体系的补充，灵活、高效、低成本地监管合同制定、处理合同争议纠纷。由于市场失灵和司法失灵现象的存在，金融市场需要监管机构的干预。但金融监管本身也存在缺陷，包括观念俘获①、政治游说②、主场效应③、旋转门效应④等引发的监管失灵。正如考夫曼（2001）所说，金融监管存在双面性，在抑制金融危机发生的同时，也可能埋下问题隐患。这就要求加强金融监管的有效性，不断完善金融监管体制。

2.金融创新与监管

近年来，金融创新在全球范围内快速发展。金融创新是指金融机构为了实现更大的创新净收益，通过结合信息技术等手段，降低交易成本、满足社会复杂多样的金融需求，而对金融组织架构和金融工具进行创新。"规避监管说"视金融监管为隐形税负，提高金融机构经营成本且限制金融机构盈利范围。而当监管外盈利足够大时，金融机构热衷于利用逃避监管范畴的金融创新。当该类金融创新对系统性风险产生一定影响，监管机构会制定新的管理机制。金融技术创新与监管深化是一个相互推动的过程。

金融创新在扩大市场容量、满足社会金融需求、提高金融效率、支持经济高速发展的同时，也极大地增加了金融市场系统性风险爆发的可能，

---

① 观念俘获是指金融监管者笃信市场万能等理论，监管缺位或监管不适当，加大了金融危机发生的可能性。
② 在部分国家，金融机构能够通过政治游说以及竞争捐款说服政客制定实施偏向金融机构利益的法律制度，通过政客向监管者施压，使金融监管代表金融机构的利益，而非金融消费者的利益。
③ 主场效应是指环境对观念和行为具有很大影响。监管者经常与金融机构交流，其行为受到金融机构的影响，金融机构是"主场观众"，而普通公众受到自身知识储备和身份限制，很少关注监管机构行为，是"客场观众"，这导致金融监管者从潜意识上更关注"主场观众"的利益，而忽略处于弱势地位的金融消费者。
④ 旋转门效应指的是金融机构与金融监管机构相互之间存在很强的人员流动性，存在着复杂的联系，因此金融监管者的真实立场难以判断，很可能代表金融机构的利益，人们对其"道德"存在疑惑。

影响了金融市场的稳定性，容易引致市场失灵。很多金融产品业务处于交叉性领域，致使监管缺位或监管重叠；金融创新大量使用杠杆，高杠杆率代表着高风险高收益，导致风险过快放大；金融组织创新改变了客户、股东与金融机构间的委托—代理关系，复杂的金融产品创新会延长委托—代理链，同时使得风险转移难以被有效监管；在金融创新得到社会认可的过程中，金融消费者与金融机构之间的信息不对称问题更加严重，超额利润容易引起金融消费者的竞相购买，造成需求大于供给，产生"空气交易"而非实物交易，存在虚假繁荣和资本泡沫，最终形成"集体行动困境"。如何适度有效地监管金融创新、防范系统性风险、维护金融市场稳定是当前的重要问题。其中，如何培养理性的金融消费者、增加其知识储备和专业技能，如何减少金融消费双方的信息不对称、防止"集体行动困境"，是金融监管研究的重要内容。

因此，在现代金融监管中，我们更应该关注金融监管对金融消费者的权益保护，这也是环境评估工作的重要意义之一。对宁波市金融消费权益保护环境进行全方位的评估，是为了更好地保护金融消费者的利益、提升金融监管水平、防范金融市场系统性风险，为发挥金融对经济的带动作用提供了充分的事实依据和理论支撑。

（二）金融消费权益保护理论背景

金融消费权益保护工作已成为后危机时代国际金融监管体制改革的重要内容之一。监管理论的演进，揭示了加强金融消费权益保护工作的必要性和主要内涵。

1.金融危机后的监管框架：审慎监管与行为监管并重

传统的金融监管理论认为，市场主体在信息获取与理解之间、意图与行为之间不存在偏差。但实际上，心理因素会影响人的行为。传统金融监管框架对人的假定是理性人，对公司的假定是利润最大化企业。本轮金融危机后，行为经济学对这些假定提出了修正，认为对人的假定应变为具有特定心理特性的个人，对企业的假定应变为对特定市场上的消费心理做出反应的企业。如果说危机前的监管是从原则和理念出发进行监管，那么危机后的审慎监管和行为监管则是从操作和结果出发进行监管。其主要体现为以下三点：

一是本轮金融危机后金融监管开始重视行为监管。次贷危机爆发前，主流金融监管理念基于新古典经济学模型，其基本范式是一般均衡定理，即自利理性的个体在"看不见的手"的调节下，自动实现市场均衡。由于假定市场参与者是理性的，并且市场是有效的，所以金融监管的目的在于排除造成市场失灵的因素，让市场机制发挥作用，少监管或不监管。

金融危机暴露出现代经典金融理论的局限性：市场的参与者不一定是完全理性的，其思想和行为出现的偏差可能成为金融危机的放大器；市场自身不具备自我纠错功能，自由市场有时会鼓励风险投机行为，金融机构甚至会主动利用消费者的行为偏差；现行的金融监管机制并不能保证金融体系的安全。金融危机的教训促使金融监管当局不得不反思监管的理论与政策。

二是设立了金融监管的三个目标。世界银行Millard（1991）认为金融监管应该关注以下三个目标：（1）稳定。金融体系具有内在不稳定性，私人信贷机构不断经历着危机和破产的周期性波动。而这些机构的崩溃会传导到经济生活的各个方面，并导致宏观经济低迷。金融对经济的发展越来越重要，而金融体系又具有不稳定的特性。一旦金融体系发生危机，将对一国乃至全世界的经济产生重大的冲击。为了避免这种情况发生，金融监管必须通过各种途径，最大程度地保证金融体系的稳定运行。（2）效率。监管需要耗费资源，从而产生成本。监管者的监管成本主要是监管时产生的行政成本，而被监管者的监管成本主要是金融机构在遵守监管规则时产生的成本。如果金融机构接受多个监管机构的监管，就要承受更多的监管成本，造成效率损失。隐性的监管成本则表现为监管可能会削弱金融创新、抑制金融机构之间的竞争。高效率的监管就是能将这些成本降到最低，并有效地促进金融的有序发展，而不是抑制金融发展。（3）公平。公平可以分为消费者公平和金融机构公平。金融业的信息不对称比其他行业更加容易造成对公平原则的破坏，造成消费者的福利损失。金融工具的复杂化也加大了普通存款人和投资人损失的风险。因此，要加强信息的监管和有效披露，加强对金融消费者的保护。机构公平是指监管者对金融机构进行的监管活动要一视同仁。虽然各类金融机构不同的属性决定了不可能采用统一的评价指标，但是在同种性质的业务上，监管的原则和要求要保持一致。

悉的不确定性领域，这自然给个人的决策带来了困难。

四是金融产品属性较多且不具有可比性。与一般产品相比，金融产品的属性较多，这在理解上会造成困难。另外，金融产品的设计是各家机构按照其自身的风险管理能力进行的，所以即使是同类产品也会存在属性上的差别，造成金融产品之间不具有像完全竞争产品那样的可比性，从而给消费决策带来困难。

五是金融产品的消费最易养成惰性，不愿改变消费习惯或依赖专家。金融产品相对其他产品的复杂性，使得个人在购买金融产品时最依赖于专家的协助，即使那些自主作出购买决策的个人，也会因为决策的复杂性而不愿意更新自己的决策。因此，金融产品是消费者最容易养成决策惰性的消费领域。

（3）金融消费权益保护是行为监管的落脚点

有研究认为，金融消费活动需要监管部门特别地关注，是因为金融产品和金融消费行为的特殊性，消费者无法从个人或他人的经验中获得足够的指导。Campbell（2010）指出：第一，金融产品的购买频率较低，从而无法从个人的购买经验中来学习、修正。例如，像住房按揭贷款和养老金产品，多数人一生只购买一次，所以个人没有先例来学习。第二，金融产品购买决策的结果要到很多年之后才能看到，并且决策的结果还受到随机因素的影响，从而使得个人的经验积累速度慢、准确性低。第三，因为金融冲击通常在个体之间存在相关性，也就是说，金融危机来了的时候，所有人都会受影响，所以个体也难以从周围其他人的经验中获得教益。第四，因为快速的金融创新，使得代际之间传递的金融经验的有效性较低。以上说明金融消费者难以通过个人学习来获得足够的金融决策知识。Zelizer（1997）指出，由于对个人财务状况的讨论属于社会中隐私和禁忌的内容，金融知识的社会学习也会变得十分困难。

所以，金融消费权益保护的主要内容有两个方面：一是防控复杂金融产品引发的欺诈行为，解决信息不对称、定价不合理的问题，同时防控金融机构利用消费者行为认知上的局限来诱导消费者购买不合适金融产品的行为。二是保障普通大众获得金融服务的权利，重点在于增强金融服务供给能力，确保消费者获得公平信贷机会，提高金融服务可获得性。

（三）金融消费权益保护环境评估理论阐述：生态扫描与行为范导

经济的发展与财富的积累使得金融产品需求日益多元化、复杂化，金融创新则满足了这种需求的变化。保证金融产品设计科学性，使得金融发展的方向是为个人跨期配置资源、对冲风险提供工具与渠道，而不是让金融变为收取经济发展租金的掠夺之手，成为金融监管部门关注的重点。如果说危机前的监管是从原则和理念出发进行监管，那么重视金融消费权益保护就是直接从目标出发，对金融监管的结果进行评价和检验。

监管框架的转换部分是由于我们对现实认知的变化。Michael（2008）指出，在传统金融监管模型下，我们对市场现实的认知是理性决策和市场竞争；在行为监管模型下，我们对市场现实的认知是个人心理和市场竞争。金融消费权益保护环境评估就是从行为监管模型下的这个现实基点出发，开展金融消费权益保护工作：对个人心理而言，环境评估的作用是揭示个人心理上的偏差因素，从而达到使个人知晓和尽量避免的目的；对市场竞争而言，环境评估是促使市场生态导向良性发展的趋势，使市场形成一个互利共生的产业链和经济生态。

1.生态扫描：通过评估理解现实金融环境

Baker（2010）指出，行为金融的一个基本假定是，信息结构和市场参与者的特征，能够系统地影响个人的投资决策和整体市场的结果。金融消费权益保护环境评估目的，是从优化信息环境出发，从改变单个市场参与者的特征着手，达到改善宏观经济绩效的结果。金融消费权益保护环境评估的作用路径是，既为消费者提供环境生态信息，也促进金融产品消费链条上各主体间行为关系的优化。

王华庆（2012）指出，在金融消费者保护领域，需要做以下几件事情：建立消费者保护立法的法律框架，建立消费者保护所涉及的各部门的协调机制，建立消费者保护的争端解决机制，不断提高金融消费者自我保护能力。但目前中国的行为监管还处在起步阶段，因此在立法和机构建立之前，需要首先对金融生态环境做一个完整的扫描，以了解金融产品链条上各方的互动格局和现实做法。

金融消费权益保护环境评估就是一项对现实金融生态环境进行扫描的工作，它的目的是要弄清制度将要落地的环境是什么、机构设立的偏向是什么、本地金融消费者行为的特点是什么，从而为金融消费权益保护工作的进一步开展探索方向。

从这个角度出发，金融消费权益保护环境评估首先应该是动态的。从监管实践经验出发，全面的监管应该是动态的监管。次贷危机之后，各个国家都采取了一定的措施，弥补监管漏洞，实施全面的金融监管。事实上，金融监管的发展就是和金融创新不断博弈的结果。如果金融监管限制了金融机构的谋利空间，机构就会通过各种创新活动避开监管，获取利润。金融监管要及时发现漏洞，实施有效监管，防止部分金融产品过度发展，对整个金融体系的稳定造成威胁。这是一个不断演化的动态过程。在这一过程中，没有哪种监管是最好的，只有能及时跟进金融体系变化、做出科学合理评估的金融监管才是有效的监管。动态监管要求监管者洞悉新的金融发展形势，做出及时有效的判断，跟上市场的变化发展。金融消费权益保护环境评估，就是对金融发展形势和金融市场的动态扫描，为全面监管奠定基础。

其次，金融消费权益保护环境评估是从目标出发的监管。美国和英国都强调了金融消费权益保护的重要性，分别设立了针对金融消费权益保护的专门机构。金融消费者是金融交易双方中的一方，金融消费者的利益关系到金融监管的公平性。由于信息的不对称，金融消费者往往在金融交易中处于弱势地位，这将导致交易的不公平。对金融消费者的公平是有效监管的内容之一，但这一点很难直接通过对金融机构或金融产品的监管来达到。因此，换一个角度，直接从目标出发，设立保护金融消费者的专门机构，提供各种保护措施是一个很好的办法。金融消费权益保护环境评估就是直接从目标出发，对金融监管的结果进行评价和检验。

2.行为范导：评估结果推动各方行为改变

由于个人在金融消费上会有内生的决策障碍，所以在增强消费者自我认知能力之外，还有一个比较可行的办法就是通过环境的改变做影响行为。Dolan（2012）指出，以往的增进消费者能力的研究多侧重于改变观念（Changing Minds），但行为理论的最新进展表明，改变背景（Changing Contexts）也能对行为产生重大的影响。

环境评估除了为监管部门提供现实背景资料外，更重要的是，通过持续地评估和评估结果的应用，推动金融消费链条上各方行为的改变。金融消费链条除消费者个人外，还包括管理部门、金融机构和新闻媒体。金融消费权益保护环境评估，既为消费者提供了环境生态信息，也促进了金融消费链条上主体间行为关系的优化，使消费者所处的金融生态变成一个具有范导指向的背景，最终使得金融消费者行为的偏差通过环境的修正和背景的提示来减少。

对金融机构行为的规范一般是从传统经济学的角度进行分析的，而行为经济学则从消费者自身的行为偏差和认知局限来指出需要对消费者进行保护。

（1）机构行为的规范。金融机构可以利用其市场势力和不对称的信息地位来侵害金融消费者的权益。金融机构运用其市场势力的典型例子是对标准化的产品收取不同的费用，Hortacsu（2004）研究发现，对于同为基于标准普尔500指数的指数基金，各个机构收取的基金费用大不相同，信息收集成本的存在赋予了金融机构市场势力。对此，通过标准化或集中化的信息提供，可以有效改善金融消费者的福利。

另外，从减轻信息不对称的角度来说，一般而言金融机构是金融产品信息最有效的提供者，所以需要对机构提供的信息做出要求。信息的透明与公开是保证交易公平的一个重要前提，金融的公共品属性使得金融机构不仅仅应当对企业利润最大化承担责任，还应承担相应的社会责任。金融机构的利益不能仅仅还原为股东的利益，金融机构还应对其他利益相关者承担一定责任。

（2）培育消费者对金融的信任。金融业是一个经营信誉与风险的行业，所以消费者的信任对金融机构的生存和发展至关重要。克里斯特莱斯（Christelis，2010）研究指出，即使在存在披露规定的金融市场上，缺乏信任也会导致消费者完全不购买某类金融产品。Khorana（2009）通过对共同基金市场的研究发现，基金市场投资者保护水平越高，市场的规模越大。

所以，在"披露—惩罚"的金融监管模式下，即使存在金融产品的强制披露政策，由于缺乏消费者的信任，金融市场仍会因缺少参与者而失去市场深度。在这种情况下，通过限制内部交易和加强市场的信托责任意识，来培养消费者对金融市场的信任至关重要。如果披露的信息不被消费者理解或相信，那么信息的披露也将无助于消费者决策的改善。

（3）监管部门需要减轻金融市场扭曲的分配效应。实行金融监管实际上暗含两个前提：一是金融机构在其日常经营活动中不能保证永远做到足够的审慎；二是其审慎行为不仅影响其自身的利益，也会产生过高的社会成本。监管的介入，就是要避免具有外部性的金融机构行为在金融市场上造成扭曲的分配效应。对此，首先，监管部门要提高研究与分析能力，了解金融机构可能进行监管规避的区域，了解金融消费者行为中因受到认知限制可能会被侵害的区域。其次，监管部门之间要加强合作，避免金融机构在不同产品和市场间进行监管套利，同时为消费者和媒体传达全面的市场监管规则。

在环境评估中，监管部门需要特别关注对交叉性金融产品的监管，这是因为：随着金融综合和创新的发展，银行、证券、保险机构之间的界限越来越模糊。一个金融产品可能经过多个金融机构的加工和包装，这样就会产生监管主体不明的情况。不同的机构有不同的标准，作为被监管方就要按照不同的标准做好准备，由此加大了被监管单位的监管成本。同时，金融机构为了躲避监管，往往会在设计新的产品时钻监管漏洞，造成产品没有监管单位可以实施监管的情况。

二、金融监管与金融消费权益保护经验

金融消费权益保护作为现在金融监管的核心组成部分，其重要性得到不断提升。当前全球各国虽采取了不同的金融监管体制，但都在不断加强金融消费权益保护措施。根据典型的金融监管体制类型划分，即以英国为代表的集中统一型金融监管体制，以及以美国为代表的分业型金融监管体制。探索不同监管体制在金融消费权益保护方面的发展和成绩，并分析中国监管体制在金融消费权益方面的措施，将为中国的金融消费权益保护环境分析提供重要的背景基础。

（一）美国的金融监管体制变革与金融消保经验

如果从金融消费权益保护角度去评价美国金融监管体制的完善性，那么美国真正意义上较为完善的金融监管体制应该建立于2008年金融危机之后。从美国建国到20世纪90年代末，美国的金融监管体制的建立和转变都

离不开一场又一场的危机，直到形成当前功能监管和机构监管交叉实行的网状监管格局。

在2008年金融危机之前，美国金融监管体制围绕着金融机构的运营经历了"放松与加强"不断交替进行的局面：1929年大萧条之前的自由局面被危机后建立的分业监管制度取代，然而经济发展的缓慢又使得之后一段时期美国监管慢慢放松、金融业务逐步自由化，直到20世纪80年代末的银行倒闭潮再次引起监管升温，建立"伞式监管和功能监管并行"的体制，这种体制一直持续到2008年金融危机爆发之前。

美国金融监管体制在2008年金融危机爆发之前，都是以"金融机构"为监管主体，提倡金融体系的安全性和稳健性。然而2008年危机不仅再一次暴露了金融机构自身运营不当的严重性，更是彻底暴露了在金融机构不当运营下金融消费权益无法得到保护的严重性。

在危机中损失惨重的金融消费者迫切需要一个能够保护自身利益的金融监管体制，由此2010年美国出台《多德—弗兰克法案华尔街改革和消费者保护法》（*Dodd-Frank Wall Street Reform and Consumer Protection Act*，以下简称《法案》），正式设立专门的消费者金融保护局，以保护在金融市场中占据比较弱势地位的金融消费者的权益。

《法案》的核心理念主要体现在两点：一是改变当前超级金融机构"大而不能倒"的局面，防范系统性风险；二是保护金融消费者权益免遭侵害。同时，新设立了金融稳定监督委员会（Financial Stability Oversight Council，FSOC）和金融消费者保护局（Consumer Financial Protection Bureau，CFPB），分别应对系统性风险和消费者权益侵害带来的挑战。为了体现对金融消费权益保护的重视，《法案》还允许各州自行颁布更严格的消费者保护法，并适用于全国性银行（宋丽智和胡宏兵，2011）。

在新成立的两个组织中，金融稳定监督委员会（FSOC）由财政部牵头，由15个部门组成，其中10个部门有投票权、5个部门没有投票权。该机构主要职责在于识别并防范系统性风险，可以向美联储提供认定的会构成系统性风险的大型金融机构名单，并提供建议对这些机构实施更加严格的资本、杠杆等规定要求。金融稳定监督委员会在内部2/3多数投票通过后，有权将认为对美国金融市场构成威胁的非银行金融机构纳入美联储的监管范围，可批准对大型金融机构施行强制分拆重组或资产剥离；在2/3

多数投票通过并且在财政部长、美联储和联邦存款保险公司主席同意的前提下，可以禁止向金融机构提供联邦财政资助（周卫江，2011）。

另一个组织——金融消费者保护局（CFPB），则在美联储体系下设立，预算开支皆由美联储提供，具有独立监管权，监管对象包括各类银行和非银行金融机构。金融消费者保护局对原有的7个部门共同拥有的分散式金融消费者保护职能进行合并，监理联邦统一的金融消费保护标准；对金融消费者的知情权和求偿权进行严格的保护（王诗韵和孙红梅，2014）；对住房按揭、信用卡和其他金融产品的信息揭露进行规定，杜绝信贷机构和房贷公司的隐性费用、掠夺性条款和欺诈等不公平行为。CFPB下设了金融知识办公室（Office of Financial Literacy），提升公民金融知识教育水平，并设立社区热线。

除此之外，CFPB还拥有明确的监督检查权，能对资产规模超过100亿美元的投保存款类金融机构和信用社及关联机构进行评估，施行现场和非现场监督检查（李森辉和张仁高，2015）。其中，现场检查分为四个环节，分别是与被检查机构关键岗位人员面谈、检查具体操作设施、对照政策和程序检查现场交易、比照金融产品和服务与政策法律要求的差距。非现场检查主要依靠风险评估和预审规划，对从CFPB内部、其他监管机构和公开信息等渠道获得的相关资料进行审查。风险评估主要包括对固有风险、内在风险和风险的发展趋势三个方面，对这3个指标分别赋予相应的权重，并形成最终的评估结果。

随着互联网金融的发展，基于金融科技衍生的新的金融产品也开始受到金融消费者保护局的关注。2016年2月，CFPB发布了《B创新细则》来促进对消费者有利的创新。文件中包含的《无异议函细则（Policy on No-Action Letters）》要求申请人提供关于产品和服务的说明，是一种事前认可机制，降低了创新性金融产品与服务来自政策与监管的风险。同年3月，CFPB开始关注互联网金融领域的消费者保护，宣布开始接受网络借贷消费者投诉。这些网络借贷业务包括分期偿还贷款、抵押贷款、学生贷款等，提供业务的结构来自于互联网初创公司和大银行（见表1-1）。

表 1-1　美国FSOC和CFPB组织架构及人员安排

组织	监管重点	人事安排
金融稳定监督委员会	防范金融体系中的系统性风险，提高金融市场透明度，保障金融市场安全与稳定。	财政部长担任FSOC主席，美联储主席、货币监理署署长、金融消费者保护局局长、证监会主席、联邦存款保险公司董事长、期监会主席、联邦住房金融局局长和国家信用合作社主席，以及一位由总统提名、参议院批准的保险专家独立会员共计九位要员担任表决权会员。
金融消费者保护局	对提供信用卡、抵押贷款和其他贷款等消费者金融产品及服务的金融机构实施监督。	由总统直接任命局长，副局长由局长任命。局长任期为5年，经授权，局长可以招募律师、考核人员、经济学家等。

尽管当前美国网状的金融监管格局仍然存在诸如"监管成本高效率低""监管职责重叠和真空并存""监管竞次和套利"等问题，但从金融消费者保护角度而言，其保护的有效性、公平性已有所提高。

（二）英国的金融监管体制变革与金融消费权益保护经验

英国金融监管体制被认为是当前全球较为杰出的监管体制，实行了"双峰"监管模式——将审慎监管和行为监管分开，强调消费者权益保护监管理念。2013年英国金融服务局（Financial Services Authority， FSA）一分为二，形成了金融行为监管局（Financial Conduct Authority， FCA）和审慎监管局（Prudential Regulation Authority， PRA），自此FCA负责市场行为监管，独立承担保护金融消费权益职责，而PRA则负责金融机构的审慎监管，确保金融市场的安全性和稳健性。英国FCA和PRA的分立在一定程度上打破了FSA权责集中的局面，使得监管目标更加明确。更为重要的是，新体制将一直以来让步于审慎监管的消费者权益保护提升到与之相同的高度，金融消费者作为金融市场主要参与人的地位及其相应权益保护得到了高度重视。

针对金融消费权益的保护，英国建立了强制性和自律性相结合的保护体系。一方面，英国从"行为监管"角度出发，强调了金融机构内部消费保护的重要性；另一方面，从银行内部治理角度出发，英国监管者要求金融机构必须建立良好的内部保护机制（张骏，2008；周良，2008；HM

Treasury，2009）。英国对于金融机构的内部保护机制规定是建立在法律基础上的，比如，商业银行的运营必须遵守FCA的要求，其中包括金融消费保护的重要内容（Ertat et al.，2013）。

FCA不直接处理具体的消费者投诉，而是出台详尽的监管指引，明确金融机构的主体职责，并对行业门槛做了以下四个方面的规定：（1）有效监管：金融行为监管局能够对申请机构进行有效监管；（2）适当的非财务资源：申请机构的非财务资源必须适当；（3）可持续性：机构必须是"适当且合适"主体，管理层必须具备足够的技能和经验，具备适当的政策程序，能够妥当处理利益冲突；（4）商业模式：机构的经营战略符合监管标准，且不能威胁到金融行为监管局的法定监管目标。

同时，FCA也在不断完善监管方式。2014年4月后，FCA从公平交易局（OFT）接管了对消费者信用管理的责任，这影响了大约5万家消费者信贷公司。此外，FCA还加大了监管力度，利用监管模型、市场情报和企业数据，帮助识别需要优先考虑的风险。在保护消费者方面，FCA还负责对财务咨询服务机构（Money Advice Service）进行监督，后者负责对金融消费者提供免费的财务和金融决策咨询服务。2014—2015年，财务咨询服务机构共接待了超过两千万名通过网络、电话、会面等方式向机构寻求服务的消费者，并提供了超过一千一百万项建议以帮助金融消费者更加高效地管理他们的财务。2014年10月金融行为监管局建立了专门的网站（ScamSmart），用以揭示金融诈骗行为。

同美国在金融监管中持开放态度一样，英国的FCA也在金融监管和金融创新中寻找着平衡。2016年，FCA推出了"监管沙箱（Sandbox）"机制，允许未被充分授权的公司在成功申请该项目后，能够在受限的真实环境下测试创新产品和服务。测试公司可以在"沙箱"模式中向FCA寻求协助，比如接受单独指导、得到FCA的豁免或修订规则。"沙箱"提供了测试服务或产品的安全环境，鼓励英国金融服务提供者开展业务创新，同时避免不规范创新带来的负面影响。

除了以上金融消费权益保护方式外，FCA在行为监管指导下的金融消费权益保护行动也一直为众多研究者所津津乐道，如对于金融消费者的安全和隐私保护行动（Fishleigh，2015；Lewis & Lindley，2015；Ring，2015）。但其实，在英国，除了FCA致力于金融消费权益保护行动外，还有一些其他交叉机构也会引导金融机构采取消费者权益保护措施，如竞争和市场管理局（Competition and Markets Authority，CMA）。CMA对于零售银行的调查中就包括为保护消费者权益所实行的价格透明调查（FIC，2015；高田甜和陈晨，2013；Brambley and Collard，2015；Parwada et al.，2015；Adams，2016；Vandekerckhove，2016）。

除了金融行为监管局，审慎监管委员会的地位也在不断提升。《2016年英格兰银行和金融服务法（*Bank of England and Financial Services Act 2016*）》获得批准后，由货币政策委员会、金融政策委员会和审慎监管委员会共同组成英格兰银行的组织架构正式形成。三大政策委员会具有相同的法律地位，进一步提升中央银行运行的透明度和治理能力。同时，这项改革终结了审慎监管局的从属地位，并首次允许国家审计办公室对英格兰银行资金使用效率及收益进行审查（见表1-2）。

表 1-2　英国MPC、FPC、PRC组织架构及人员安排

组织	监管重点	人事安排
货币政策委员会（MPC）	设定利率达到2%的通货膨胀率。	共9人组成，包括英格兰银行行长及副行长5人，其余来自英格兰银行遴选具备经济学、货币政策专业知识的外部独立专家。
金融政策委员会（FPC）	实现金融稳定的法定目标。	共13人组成，包括英格兰银行行长、副行长及金融稳定执行董事6人。另外5人由英格兰银行遴选外部金融专家，其中1人为金融行为管理局局长，1人为财政部选任。
审慎监管委员会（PRC）	促进被监管机构的安全与稳健。	至少12人，包括英格兰银行行长及副行长4人，金融行为管理局局长1人，经财政部同意由英格兰银行任命1人，其他由财政部选任至少6人。

（三）中国在金融消费权益保护方面的监管政策和经验

随着中国金融市场的不断繁荣，金融监管任务日渐复杂，中国"一行三会"的分业监管体系朝着综合经营方向发展，以求降低监管成本并提高监管效率。中国金融监管体制目前仍以金融市场的安全性和稳健性为目标，强调对金融机构和金融业务的监管，其呈现出机构监管与功能监管相结合的单层多头的分业监管结构。尽管中国一直在审慎监管方面表现得比较出色，中国金融机构没有跟美国英国等国的金融机构一样发生大规模的危机

事件，但是不可否认中国当前的监管体制也存在一定的问题，如"重复监管与监管真空并存""监管主体间沟通难"以及"金融创新得不到及时规范"等问题。与此同时，当英美两国已经将审慎监管和市场行为监管这两个目标分离的时候，中国的金融监管体制仍然将审慎监管作为大部分工作的重心，这也导致了当金融市场发生一系列如"光大乌龙指事件""泛亚事件"和"2016年股灾"等消费者权益受到重大损失事件之时，监管机构往往"无据可依"，不能及时地从金融消保角度提出行之有效的解决方案。在当前金融监管体制下，对于中国的金融消保，"一行三会"需要加强沟通、统筹监管，充分调动各方力量去协同完成。

2011年以来，我国金融监管部门（人民银行、银监会、证监会、保监会）在金融消费权益保护方面做了大量基础工作。2011年，保监会成立了保险消费者保护局，证监会成立了投资者保护局；2012年，人民银行成立了金融消费权益保护局，银监会设立了金融消费者保护局。为进一步加强消保工作的统筹规划，2013年，人民银行制定了《金融消费权益保护工作管理办法》；同年，银监会出台了《银行业消费者权益保护工作指引》以及《银行业消费者权益保护工作规划纲要》。2015年，国务院办公厅印发了《关于加强金融消费者权益保护工作的指导意见》（国办发〔2015〕81号）。2016年，人民银行印发了《中国人民银行金融消费者权益保护实施办法》（银发〔2016〕314号），对国务院指导意见进行了内容细化，明确了相关要求。

在宁波，人民银行宁波市中心支行自2012年正式启动金融消费权益保护工作以来，不断完善制度建设、创新工作机制，在非现场评估和现场检查、金融宣传教育长效机制、多元化金融消费纠纷化解机制、普惠金融等方面开展一系列工作，产生了较好的社会效益。

有效的金融监管是遏制市场失灵、司法失灵和监管失灵的必要途径，是刺激金融创新的动力之一。其中，如何维护弱势的金融消费者群体的权益、促进金融市场公平和效率显得更为突出和重要。美、英、中等各国对于这个问题都采取了各自的监管机制和应对措施，具有深刻的借鉴意义。

三、金融消费权益保护环境评估的必要性

宁波市金融消费权益保护评估工作立足于整体性监管和行为监管，通过对信息披露、交易公平、解决争端、信用法制等诸多方面进行评估，分析金融消费权益保护的实际情况，抑制高风险活动，保障金融市场的公平，维护金融消费者权益。通过金融消费权益保护评估过程，可以发现存在的问题，降低试错成本，创造一个优良的金融消费权益保护环境。

（一）环境评估是披露信息的有效途径

环境评估有助于向社会披露真实的金融环境信息，有利于各界了解宁波市金融消保总体水平和发展趋势。金融消保环境是动态发展的过程，进行年度评估，有助于紧跟金融市场和外部环境变化，可以作为动态监管的依据。根据本评估，金融消费者可以更全面地了解在金融交易过程中应当知晓的金融动态信息，包括国务院文件中阐明的金融消费者的八项权益等。同时，评估也披露了金融机构在产品交易、售后服务、管理机制、组织架构方面的现实情况和相应信息，从而减少金融消费交易双方之间的信息不对称，促进金融消费者购买适合自身的产品和服务。

（二）环境评估是优化环境的客观要求

环境评估中，通过对各个指标的量化分析，可以暴露金融交易过程中存在的问题，引导消费者进行合理的消费决策，促进消费者的理性选择，便于监管部门把握整个金融市场的发展形势，为促进金融消费市场各经营主体的行为优化提供客观依据。具体来看，环境评估可以在以下几个方面帮助优化金融消费权益保护环境，构建金融消保长效机制。

1.开展金融消费权益保护环境评估，能够增强监管机构职责履行的针对性、有效性。金融监管部门都有各自领域内的金融消费权益保护职责，而要切实履行好这一职责，首先就需要摸清各阶段所面对的市场环境、制度环境以及其他与之相关的情况。因此，要通过环境评估对金融市场环境中不同行为主体的情况、现有政策法规的覆盖和实施情况，以及社会各方面环境的完善情况等进行较为全面的"体检"，来得出一个相对客观、完

整的结果，为制定法规、政策、制度，解决重大问题提供实践基础和数据支持。

2.开展金融消费权益保护环境评估，是贯彻落实习近平总书记在全国金融工作会议上提出的"建设普惠金融体系"的要求，是落实金融服务实体经济、防范金融风险、深化金融改革三大任务的有力措施。发展普惠金融与推进金融消费权益保护是相互促进、相互提升的关系。普惠金融是从金融消费者的发展权视角出发，把金融消费者的发展权作为权益保护的重要组成部分。因为金融消费权益保护的前提是金融消费者能够通过一定的渠道获得金融产品与服务，缺乏接受产品与服务的渠道，也就隔断了供需双方的联系与纽带。因此，发展普惠金融，可以使金融消费者在金融产品、金融服务的可获得性、便利性方面得到满足，从而确保对金融消费者权益的最基础的保护。金融消费权益保护环境评估的一个重要目的就是从金融消费者入手，积极了解实际需求、受保护的程度，同时探测金融服务民生的制度环境、社会环境，以便更好地提升金融的内外部环境，强化金融服务民生的能力。

3.开展金融消费权益保护环境评估，是将现场监管和非现场监管有机结合，构建更完善的金融消费权益保护监管框架。针对金融消费者保护，人民银行正从产品、机构、环境三个角度切入，构建非现场评估监测的体系。这三类评估的切入角度不同，内容上由少到多，由点及面，覆盖日益全面，层次日益清晰，作为非现场监管的手段，相互印证和补充，逐步构建起非现场监管的管理框架。这些手段的成熟运用，使之与执法检查等现场监管手段相得益彰，构成一个完整的金融监管体系。在这个体系中，现场监管与非现场监管紧密结合，相辅相成，后者通过发现问题，可以为现场监管提供切入点，提升现场监管的针对性和有效性。而现场监管则通过实地检查和管理为非现场监管提供验证。最终，两种监管手段的整体水平将呈螺旋式上升，形成良性互动的循环链。

4.开展金融消费权益保护环境评估，能够在优化金融生态环境方面发挥探索引领作用。金融生态环境包括政策、经济、法律和信用环境等。因此，在全国范围内开展金融消费权益保护环境评估，其结果的应用对于改善金融消费关系中的不同主体的行为，完善制度环境和社会环境，从而优化金融生态环境具有现实的意义。

第二章

金融消费权益保护环境评估
指标体系实践

一、指标体系理论基础

在生物学上，环境是指生命主体及其赖以生存的物理条件共同组成的动态平衡系统。借鉴生物学理论，金融消费权益保护环境指的是金融主体及其赖以生存的经济、社会、法治、习俗等条件组成的动态平衡系统。这里的金融主体既包括金融产品和服务提供者——金融机构，也包括制定政策规范、实施监管职能的金融监管机构，还包括金融活动的参与主体——金融消费者。同生物学意义上的环境一样，在金融消费权益保护环境中，金融主体和金融消费权益保护环境是相互依存和彼此影响的。一方面，金融消费权益保护环境构成金融主体的服务对象和活动空间，决定着金融主体的生存条件、健康状况、运行方式和发展方向；另一方面，金融主体直接影响着金融资源配置、风险走向，对金融消费权益保护环境产生了积极的影响。如何对金融消费权益保护环境进行评估，发现金融主体及社会环境中存在的问题，并有针对性地进行改进提升，成为金融消费权益保护的一个重要课题。

按照此思路，金融消费权益保护环境评估根据典型性、可操作性和动态性的原则来进行。在评估指标体系的设计上，围绕金融消费者、金融机构和监管机构三大主体和社会环境这一基础来进行。

本部分将分别从金融消费权益保护环境指标体系中的金融消费者、金融机构、监管机构、社会环境等四个维度（一级指标）与金融消费权益保护环境之间的理论联系进行详细阐述，构建评估金融消费权益保护环境的理论体系。

（一）金融消费者与金融消费权益保护

1.金融消费者

金融消费者是指为生活消费需要而购买金融产品或接受金融服务的自然人，是"消费者"在金融市场活动的外延范畴，继承了消费者在市场中相对于生产者弱势地位的属性且更为突出（谢松松和周锋，2012）。

从金融消费的供给方来看，金融机构的强势地位体现在以下几个方面：（1）金融机构具有相对垄断性。这种垄断性源于监管部门对行业准入门槛的限制。社会对金融消费需求普遍性与金融机构和相关金融服务提供者有限性的矛盾决定了在交易过程中金融机构总是处于主动选择地位（于春敏，2010）。（2）金融机构在信息不对称中占有优势。对于金融消费者而言，一方面需要获得真实、可靠的信息来做出消费决策，另一方面需要具备一定的金融专业知识和能力来处理信息并提高金融决策的有效性，而一般的金融消费者在以上两方面都存在缺失。金融机构的天性是追求利益，因此在披露相关金融产品的信息时并不一定乐于公开可能会影响其销售的信息，比如风险、负债等，真实信息的缺失将导致金融消费者自身利益的受损（杨霞，2004）。

从金融消费的需求方看，金融消费者自身所特有的非理性行为加深了其在金融市场中弱势的地位。目前，讨论广泛的非理性行为有认知偏差和羊群效应。认知偏差会导致金融消费者无法匹配到符合自身风险和收益偏好的金融产品，在其他方面会表现为过度自信、表述框架效应、损失厌恶等（孙天琦，2012；张幼芳，2015；裴平和张谊浩，2004；赵静梅和吴风云，2008）。羊群效应使得金融消费领域的参与个体在做出投资或购买策略时容易受到市场舆论的影响，放弃或忽略有价值的私有信息，而追随大多数人的决策（宋军，2001；王华庆，2012）。

2.金融知识与金融技能

金融机构的相对优势和金融消费者自身的缺陷造成了后者在金融市场消费的弱势地位。从金融消费者的角度出发，一个有效避免非理性行为并减弱其可能带来的负面影响、降低金融交易各方之间信息不对称性的方法是通过金融消费者教育来丰富金融消费者的知识储备，提升金融消费者的专业技能。来自经济合作与发展组织（OECD）和世界银行的研究调查表明，接受金融教育的学生在增加储蓄积极性、减少非正常选择行为和做出正确决策方面有积极的影响（俞达和刘墨海，2014）。

金融教育实践在维护经济环境和金融市场稳定、保护消费者权益等方面起到了积极的作用，但是仅仅加大对金融消费教育的投入还不能最大程度发挥其对提升金融消费权益保护水平的积极作用。经合组织国家的经验表明，完善的金融教育活动需要配备详尽的前期调查研究，了解民众的金融素养，为金融教育工作提供较好的智力支持。以经合组织国家为例，金融教育被分成了三个方面的内容：金融基础知识教育、金融知识扫盲和金融消费者权益保护。其中，金融知识扫盲和金融消费权益保护两项内容得到了传统金融大国的重视（如美国、英国、日本等）（邹瑾，2012）。在设计金融素养问卷时，除了考虑金融知识，还应增加金融行为、金融技能和金融态度等方面的考察（王宇熹和杨少华，2014）。本次环境评估中对金融消费者维度进行划分时参考了如上经验，在金融消费者目标层下设立准则层金融知识、金融技能和金融态度。

3.金融态度

金融消费者自身的态度决定了其对金融消费权益保护的重视程度以及对金融消费权益保护政策的容忍度。如果金融消费者自身的态度较为积极，则其更愿意参与到金融市场当中，对金融市场的相关知识则会更加关注，从而提高自身参与金融活动的能力，更好地提高自我保护能力。此外，金融消费者主动意识较强将提高金融消费者的自我保护意识，也将更加关注所购买的金融产品或服务的内容，减少信息不对称问题，降低自身利益受损的可能性，金融消费者的金融态度对其自身的权益被保护状况起着至关重要的作用（中国人民银行济南分行金融研究处课题组，2011；周弘，2015；朱涛，2016）。

（二）金融机构与金融消费权益保护

金融机构作为金融服务的直接提供者，其行为直接影响到金融消费者的权益。总体而言，金融机构在三大方面决定了金融消费权益保护环境，包括其提供的金融服务普惠性、建立的内部保护机制，以及采取的消费者权益保护措施。

1.金融服务普惠性

金融服务普惠性与金融机构的自身利益有着一定程度上的矛盾。尽管各国研究都指出了金融服务普惠性是属于金融消费权益保护的一个重要范畴（Collard，2007；Mitton，2008；Ardic et al.，2011；Kpodar和Andrianaivo，2011），金融机构提供的金融服务普惠性直接影响到个体金融消费者的权益（Marshall，2004；Ardic et al.，2011）。然而金融机构的运营具有极强的地区依赖性，因此限制了其地域覆盖率（Neuberger，1997）。尽管随着技术的发展，金融机构通过提供网络银行和电话银行服务，不断降低服务的地区依赖性，但金融机构尤其是银行仍然没有达到完全的金融服务普惠性（Steinpass，2001；Szyszczak，2004）。如果将技术的更新切换到当前的互联网时代，很多研究表明（Gangopadhayay，2009；Diniz et al.，2012；FIC，2015），尽管金融服务的日趋数字化为一部分消费者开通了金融服务的通道，但是这种数字化服务其实在无形当中也为另一部分消费者树立了金融服务的壁垒。除了地区依赖性问题之外，金融机构自身的成本利润控制决定了其在实行金融服务普惠的行动上会受到限制，因此为了推动金融服务普惠性，更为有效的"行为监管"机制应该建立起来（叶建勋，2012；刘鹏，2014；Taylor，1995；Wymeersch，2007；Herring和Carmassi，2008）。

如何提高金融服务普惠性，各研究基本认为金融服务覆盖率的提高是一个重要途径。英国研究发现，信用合作社的历史地位已经改变，从以前的救助贫困人群变为了实现金融普惠，而信用合作社的第一大成功要诀则是提高其金融服务的覆盖率（Jones，2008；高田甜和陈晨，2013）。中国当前关于金融机构的服务普惠性问题研究也一致同意金融服务的覆盖率和可获得性对于保护金融消费权益存在重要意义（梁涛，2014；郭田勇和丁潇，2015；周顺兴和林乐芬，2015）。

为了平衡全球各地的金融服务普惠性，世界银行专门提出了关于改善金融服务普惠性的目标。世界银行自2011年推出全球普惠金融数据库，数据库指标显示，在各金融机构不断提高其覆盖率以及消费者使用金融服务的频率不断增加的情况下，2014年指标显示全球无银行账号人口仅剩20亿人。全球无银行账户人口在2011年至2014年减少了20%，约7亿人，这其中13%的减少都是得益于手机支付覆盖率的增加（Demirgüç-Kunt et al.，2015）。多渠道提高金融服务的覆盖率被证明是可以提高金融服务普惠性的有效手段。

2.内部保护机制

金融机构的内部保护机制是能够确保金融机构不在逐利性下牺牲金融消费权益的一大重要平衡机制。为保证金融消费权益，仅靠外部监管机构是不够的，机构自律是一种更为有效的金融消费权益保护措施。金融机构自发性建设的内部保护机制能够帮助金融消费者权益得到机构层面的保护（Llewellyn，1999；Ferrell，2004；Rutledge，2010；叶建勋，2012）。由于建立专门的金融消费保护机制给金融机构增加了运营成本（如人员配置、部门设置、机制确定、投诉处理等），加之这个成本由金融机构自身背负，这在一定程度上降低了金融机构建立强有效的内部保护机制的动机（王华庆，2012；中国人民银行宁波市中心支行课题组等，2014；郭田勇和丁潇，2015）。尽管内部保护机制不可否认为机构增加了成本，但是金融机构也意识到建立完善的内部保护机制、提高金融消费者的满意度，能够为机构带来更多忠实客户，从而提高消费者价值。因此，尽管金融机构并非仅仅以金融消费权益保护为动机建立内部保护机制，但是在市场竞争环境下，其仍然愿意建立较合适的金融消费者服务（保护）机制（Webb 和Jagun，1997；Malhotra和Mukherjee，2003；Allred和Addams，2013；Khan和Fasih，2014）。

3.金融消费者权益保护措施

相较于金融消费者，金融机构具有相对优势，对于金融产品和服务的信息掌握得更多。在这种情况下，金融机构自身的消费者权益保护措施显得尤为重要，比如关于消费者的隐私和安全、与消费者相关的信息披露、与消费者保护相关的合规操作等。由于金融消费者在交易过程中暴露了最为私密的信息，如个人身份、职业信息、家庭信息及资金流水等，因此，金融机构在为消费者服务之际，必须采取有效措施保护消费者隐私和安全（刘贵生等，2010；焦洪宝，2012）。此外，更重要的是，在行为监管的主张下，消费者和金融机构在金融交易中有着较为严重的信息不对称问题，因此金融机构的信息披露以及自我监管的合规性将是金融消保的一大重要防线。在金融普惠的大目标指导下，金融机构更应当采取有效的消费者权益保护措施，以实现对金融消费者及时、有效、适度保护（马国泉，2011）。

（三）监管机构与金融消费权益保护

随着金融市场和金融产品的不断发展，金融消费者与金融机构之间的信息不对称问题日趋严重，仅靠金融机构的自律行为并不能全面保护金融消费权益。Akinbami（2011）提出基于传统经济和法律理论的非干预性监管已然失效，金融机构行为存在机会主义。作为市场中"看得见的手"，政府和相关组织有责任通过法律和制度对金融交易进行更有力的监督管理，增加金融市场的透明度，降低信息成本，从而保护金融消费者的利益（Baldwin et al.，2012）。政府与相关机构组织对金融消费的监管能够从制度环境、组织架构和金融消费纠纷解决机制三大方面着手。

1.制度环境

制度环境的建立是金融消费权益保护的基石，其为监管机构、金融机构、金融消费者的行为提供准则和依据，是衡量金融消保水平的重要标准。良好的制度环境能够更好地约束金融合约的制定、执行和纠纷的解决，保护处于弱势地位的金融消费者。Howells（2005）认为，监管制度的建立和默认规则的改变是传统的经济干预方式。以法律制度的形式对金融消费者概念、保护原则、具体条款、权益内容和监管机构地位及职责、纠纷处理流程等加以明确，做到有法可依，才能切实保护金融消费者的合法权益（刘晓菊，2014）。将金融消费权益保护作为金融监管体系的法定职责是一种可行的选择，在此过程中要注意平衡审慎监管和行为监管的关系以确保金融消保的力度（Rutledge，2010）。

2.组织环境

监管机构的组织架构是另一大衡量金融消保水平的标准。监管机构的执行力度、监督水平以及协同合作能力在很大程度上决定了金融监管制度在金融市场中的地位和作用。由于金融产品和服务的不断创新，金融业务的复杂化、金融行业边界的模糊化、分业监管的局限性日益突出，单一金融监管模式和金融监管机构、非金融监管机构、行业协会、消费者保护组织之间紧密高效的协同合作机制势在必行（宋汉光和王靖国，2014）。Rutledge在2010年的世界银行工作报告中也指出，完善的机构体系是金融消费权益保护的重要一环。

3. 金融消费纠纷解决机制

在金融监管体系中，除了完善的监管制度、高效的机构运转之外，多元化的纠纷解决机制也是重要的组成部分。相对监管机构和金融机构而言，弱势的金融消费者的利益很难得到保障。建立多元化的纠纷解决机制有助于保护这部分金融消费者的权益，增加金融参与度。在许多中等收入国家，金融消费者投诉无门，没有相关部门直接对这些争议纠纷负责，弱势的金融消费者往往面临漫长低效的诉讼过程和不适当的附加成本，从而对金融消费失去信心，影响金融交易增长和市场稳定（Rutledge，2010）。由金融监管机构、非金融监管机构、行业协会、消费者保护协会等组织充当的"第三方"，在保证客观性、公正性的基础上，通过调解、仲裁、诉讼等渠道多层次地解决金融消费纠纷，能够有效地降低监管成本，提高纠纷解决的效率，维护消费者权益和金融市场稳定。

（四）社会环境与金融消费权益保护

社会总体环境不仅直接制约了金融消费权益保护的实施，也直接影响了金融消费权益保护的效果。金融消费权益保护的社会环境，指的是由居民、企业、政府和社会团体等部门构成的金融产品和金融服务的消费群体，以及金融主体在其中生成、运行和发展的经济、社会、文化、习俗等体制、制度和传统环境（李扬等，2005）。综合考察社会环境中各因素，可以从两个方面对金融消保环境进行衡量，包括经济基础和社会诚信文化，但具体指标体系的构建和指标的选取在不同年份根据当年实际情况、数据相关性和可得性等因素进行了调整。

1.经济基础

实体经济是金融主体存在的根据、服务的对象和生存的空间，因此经济水平的差别直接形成了金融社会环境方面的差异。金融市场作为金融消费者赖以生存的环境，其受到金融市场整体发展环境的影响程度自然不言而喻；以较为发达的经济作为支撑的金融市场会衍生出较为全面的金融消费保护环境。此外，城市及其所辖区域经济基础水平的不同，也将影响着当地各个金融市场主体包括金融消费者的行为，如经济较发达地区的金融消费者的维权意识较强等等。周小川（2004）认为，各地区经济差异造成了金融面上社会环境的差异。一些学者也对这个问题进行了研究，如魏后凯（1992、1997）、林毅夫等（1998）、Raiser（1999）、王绍光和胡鞍钢（1999）等都指出了区域经济发展和经济发展模式的差异，将会导致包括金融市场在内的发育程度差异。

2.信用环境

诚信可看作是签约方对契约和承诺的遵守，由于在社会交往和经济交易过程中，失信行为具有"外在性"和"传染性"，需要通过建立一个全社会范围内的诚信体系才能使其内在化。对于一个地区的个人和机构来说，仅仅依靠少数几个人或者少数几个机构的诚信是没有意义的，重点是在社会环境中形成一种诚信规范，作为类似文化和习俗的东西传承下去，一直被社会经济活动的当事人所遵守。

一般来说，关于诚信的调查基本上采用问卷调查方法，通过问题设计来呈现被调查者对诚信的主观看法，加总后汇集为一个地区的社会诚信水平的总体评价（国家信息中心，2004）。为了更好地说明宁波市社会诚信的内涵，本研究采集了人口素质（王小鲁和樊纲，2004）、社区诚信度（杨成珍和张国祥，2013）和主要个人贷款违约情况（杨昀，2010）来进行相关说明。

二、指标体系构建原则

指标构建方面，坚持明确性、代表性、聚焦性、可操作性、独立性、层次性和动态性七大基本原则。

1.明确性原则。明确性原则是环境评估指标体系确立的最基本原则，要求设置的每个评估指标都必须具备明确清晰的内涵和外延，通过一定的方法计量，能够准确反映金融消费权益保护相关因素各个方面的水平及状态。

2.代表性原则。代表性原则是指选取的指标必须能够反映其度量的环境因素。由于金融消费权益保护环境及其影响因素的复杂性、数据收集过程中的种种限制，在具体操作时选取的指标难以穷尽所有方面，也难以直接找到能够完全反映该方面情况的指标。同时，从评估工作效率而言，即便能够搜集到这些错综复杂的构成要素的所有信息，在处理的过程中也会出于减少工作量、提高工作效率的考虑而在不影响研究结论的前提下，根据实际需要舍弃一些影响程度不显著的因素，而只保留最具有代表性的、能反映环境因素的那一部分指标。

3.聚焦性原则。金融消费权益保护环境的影响因素众多，包含有诸多直接的影响因素和间接的影响因素，在间接的影响因素中，有很多影响因素是通过多层传递对金融消费权益保护环境造成影响的，这些间接指标可能对金融生态环境的影响更为直接，而如果纳入环境评估中，则会降低评估的可信度和有效性。因此，在指标体系的构建中应进行聚焦，将指标体系的着眼点聚焦于"消费权益保护"上，将与消费权益保护相关度高且影响直接的指标纳入整体指标体系。

4.可操作性原则。可操作性是从评估的实际工作出发，要求指标的选取满足理论与实践相结合、需求与可行相统一的宗旨，可操作性原则具体又可分为可获得性和可测量性原则。其中，可获得性原则是指所设置的指标所指示的含义应明确，有方便可靠的数据来源，尽量避免一些难以获取或者获取不可靠的指标。在特定情况下，某些指标对金融消费权益保护环境的影响较为显著，但相关资料获取难度大，则可考虑用相关指标替代。可测量性原则是指所设置的评价指标可以通过一定方法进行测量和计量，即强调尽量以定量指标为主，在一定范围和特定要素上考虑反映评估内容的定性指标。

5.独立性原则。为保证评估的有效性，在指标设计时，同一层次的指标之间必须独立，不具有包含关系。每个指标都单独反映某一个方面的信息，指标之间的信息不重复。各个指标之间相互独立，能独立体现各自特定的评估功能，这种指标间的独立性需建立在指标间的相互联系基础上，这种联系除体现在横向关联外，还应该能反映出发展变化的内在规律。

6.层次性原则。考虑到评估指标相互之间可能存在包含关系，因此根据指标所要评估的因素进行分类，再根据包含关系进行分层，最终形成层次清晰、逻辑严密的指标体系。金融消费权益保护环境中不同主体发挥作用的情况直接决定着金融消费权益保护环境的优劣。金融消费权益保护工作涉及金融消费者、金融机构、监管机构和社会环境。通过对不同主体、不同区域多维度的评估，可以构建起对金融消费权益保护工作的全方位的评估体系。

7.动态性原则。金融消费权益保护环境的改善是一个持续深化的过程，评估则是推进改善的重要手段。同时，根据改善的情况结合实际评估执行情况对评估指标进行持续修正，不断丰富和完善金融消费权益保护环境评估指标体系，进一步完善现有评估机制，从而形成"评估——提升——再评估——再完善"的良性互动。

三、指标体系构建说明

（一）指标赋权

评估方面，运用结合定性与定量分析，具有系统、灵活、简洁等优点的层次分析法（Analytic Hierarchy Process，AHP）。在运用层次分析法对所有因素进行整合时，需要建立一个有秩序、相互联系的层级分类，自上而下分别为目标层（Goal）、准则层级（Criteria）和指标层（Alternatives）。递阶层次结构中的层次数与问题的复杂程度及需要分析的详尽程度有关，每个层级中各元素支配的元素个数视实际情况确定。

这种方法的特点是在对复杂决策问题本质、影响因素及其内在关系等进行深入分析的基础上，利用较少的定量信息使决策的思维过程数学化，从而为多目标、多准则或无结构特性的复杂决策问题提供简便的决策方法，是对难以完全定量的复杂系统做出决策的模型和方法。

层次分析法根据问题的性质和要达到的总目标，将问题分解为不同的组成因素，并按照因素间的相互关联影响以及隶属关系将因素按不同层次聚集组合，形成一个多层次的分析结构模型，从而最终使问题归结为最低层（供决策的方案、措施等）相对于最高层（总目标）的相对重要权值的确定或相对优劣次序的排定。

根据"三类主体、一个基础"分类依据，将金融消费者、金融机构、监管机构、社会环境四个维度作为目标层（一级指标），其下设置若干准则层（二级指标）和指标层指标（三级指标）。

（二）权重计算

在"环境评估"指标和"综合满意度评估"指标的二级指标下设三级指标，即末级指标层指标，用于描述准则层下的具体情况。三级指标和一、二级指标相同，都需要进行赋权。每年邀请来自监管机构、金融机构和大学研究机构的一定数量的专家及学者参与宁波市金融消费权益保护研究的专家赋值。通过层次分析法，各位专家对于目标层、准则层、指标层等隶属于同一上级指标，且位于同一层级内的元素进行重要性对比，并赋予相应的数值，构成判断矩阵，并有根据公式（1）进行各个指标的权重计算。

$$W_i = \frac{(\prod_{j=1}^{n} a_{ij})^{\frac{1}{n}}}{\sum_{i=1}^{n}(\prod_{j=1}^{n} a_{ij})^{\frac{1}{n}}} \quad , \quad i = 1, 2, \ldots, n \qquad （1）$$

计算得到的权重结果需要进行单排序一致性检验，用于修正赋权过程中出现逻辑不自洽而导致的数据偏差。在计算每个专家的权重结果时，同时计算最大特征根λ_{max}。一致性指标的计算公式为

$$CI = \frac{\lambda_{max} - n}{n - 1} \qquad （2）$$

通过查找阶数位N的判断矩阵平均随即一致性指标RI，如表2-1所示。

表 2-1　平均随机一致性指标

矩阵阶数	1	2	3	4	5	6	7	8	9	10	11
RI	0	0	0.58	0.90	1.12	1.24	1.32	1.41	1.45	1.49	1.51

从而获得一致性比率：

$$CR=\frac{CI}{RI}\qquad（3）$$

若一致性比率的结果不超过0.01，则认为矩阵的一致性是可以接受的。最后将通过一致性检验的权重计算结果进行汇总，以算术平均值作为最终结果。

（三）数据来源

四年来，课题组尝试综合运用公开统计数据、金融消费者权益保护机构评估数据、各类监管机构数据和消费者问卷调查等各类数据，广泛调动人民银行（包括各县支行）、金融机构、普惠金融青年志愿者队伍等各界力量，引入实地问卷发放与网络调查相结合的方式，累计发放问卷超过14 000份。通过经验总结，课题组在开展环境评估中逐渐加强与现有工作的结合，一方面提升了数据的真实性、客观性、可得性，另一方面强化了环境评估对相关金融消费权益保护工作的指导作用。目前，指标体系中可通过已有工作获得的数据分别来自《消费者金融素养调查》《金融消费者满意度调查》《中国普惠金融指标体系》以及金融消费者权益保护机构评估相关数据（见图2–1）。

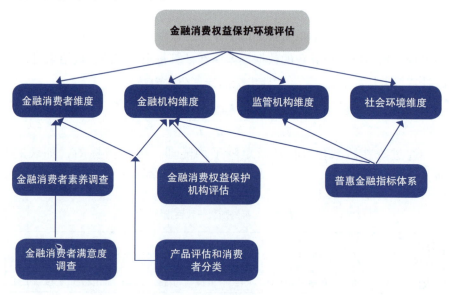

图2-1　环境评估与其他消费权益保护的结合示意图

以2017年环境评估报告为例，在金融消费者维度方面，金融知识、金融技能、金融态度三个指标数据通过《2017年消费者金融素养调查》《2017年金融消费者满意度调查》获得，问卷调查对象涉及不同的年龄、受教育程度、职业、户口所在地等，数据采集尽量做到准确、全面、专业。

在金融机构维度方面，数据主要来自四个方面：一是宁波地区165家银行、证券、保险等金融机构填报的《金融机构调查问卷》。二是人民银行宁波市中心支行开展的机构评估。三是宁波地区《中国普惠金融指标体系（2016年版）》填报中的相关数据。四是人民银行内部统计数据。

在监管机构维度方面，数据来自宁波地区人大、政协、人民银行、银监局、证监局、保监局、市消保委、市公安局、市中级人民法院等政府部门及相关行业监管部门的《辖区金融消费权益保护环境评价调研表》反馈结果。

在社会环境维度方面，数据来源于宁波市统计局、人民银行统计数据（普惠金融指标数据），以及金融机构和监管部门提供的有关数据。

第三章

金融消费权益保护环境评估总体情况

一、环境评估指标体系的构建

构建合理、科学、有效、可行的指标体系是进行全面客观环境评估的重要前提和主要手段，其目标旨在真实反映区域金融消费权益保护环境总体情况，衡量各参与主体发挥的作用与影响，以达到优化区域金融消费权益保护环境的目的。围绕这一总体思路，人民银行宁波市中心支行在开展环境评估工作伊始，借鉴生物学理论，以优化区域金融消费权益保护环境为目标，从三类主体（金融消费者、金融机构、监管机构）和一个基础（社会环境）的维度，构建基本的评估思路和总体框架。

四年来，通过与人民银行其他分支行和宁波诺丁汉大学的广泛交流，以及参考其他地区借鉴该指标体系后的应用情况，经过不断完善，宁波的金融消费权益保护环境评估已经形成一套相对比较成熟的指标体系。"三类主体、一个基础"作为目标层指标得到延续和发展，准则层、指标层的指标设置以满足宁波地区环境评估的需求，并为全国性推广积累经验。这一点得到了人民银行总行的认可，宁波的评估模式与另一个试点城市长沙一起，被作为两套评估方法在全国不同地区推广。

（一）不断完善指标体系

金融消费权益环境评估是一项长期工作，在初期的环境评估工作探索中，课题组邀请经济金融、统计、法律各业务条线专业人员广泛参与，尝试了不同的指标来构建指标体系。通过几年来的评估经验总结，课题组对各项指标在不同阶段对金融消保环境的影响差异进行分析，重新筛选，对影响程度较深的指标进行保留、拆分；对相关性较高的指标进行合并；对影响程度不够明显的指标进行删除。指标数量从初期的50个充实到最多时的63个，又精简到2017年的29个，目前的指标体系更符合科学性、代表性、聚焦性、可操作性、独立性、层次性、动态性这7项原则。其中，各目标层下的三级指标数量变化情况如表3-1所示。

表 3-1　各年指标层指标数量分布情况

目标层	2014 年	2015 年	2016 年	2017 年
金融消费者	6	6	6	3
金融机构	22	21	29	11
监管机构	14	14	13	9
社会环境	8	7	15	6
总计	50	48	63	29

（二）检验评估方法适当性

在指标赋权方面，层次分析法具有系统、灵活、简洁等优点，经过四年环境评估工作的检验，能够较好地反映各指标在评估工作中的重要程度。在评价方式方面，除了多维度的分析，还通过测量金融消费者的满意程度来检验评估结果的科学性。其中，2016年课题组对评估指标体系进行突破性尝试，建立"投入""产出"双向反馈指标，利用数据包络分析法（DEA）对金融消费权益保护工作的成果和相对效率进行综合性的评估。

（三）重视评估结果的横向与纵向比较

在横向比较方面，环境评估除了对全市总体水平进行测量外，还细化评估分析到区县（市）一级，通过分析各地区的地方性差异，结合评估结果，提供具有针对性的政策建议。在纵向比较方面，由于各年指标体系中指标选取、指标赋权、统计口径等存在一定差异，如果将各年指标计算结果进行直接比较，可能无法获得较为客观准确的评估结果。为此，课题组充分考虑以上差异，在进行相邻年度得分比较时，通过控制目标层指标权重、统一数据统计口径、引入相近指标替代等方法，强化纵向比较的可比性，有效揭示出金融消费权益保护环境水平发展趋势。

二、环境评估结果总体情况

（一）从目标层看全市总体水平

四年来，课题组不断探索提升指标体系的适当性，在每年的评估工作中参照往年经验和当年实际情况，对个别指标进行修订。因此，在总结四年评估结果和发展趋势过程中，无法直接引用原始得分数据。鉴于2017年度评估工作中，我们对以往两年的数据进行了同步采集，为便于进行纵向比较，我们以2015年度环境评估得分作为参照，按照线性关系换算2013年度、2014年度评估得分，使得四年数据在一定程度上具有可比性。

从整体上看，宁波市的金融消费权益保护水平保持了上升的态势，得分由2013年度的68.5分增至2016年度的81.2分，升幅达18.5%；其中，2013—2014年度的上升幅度最大，为11.4%（见图3–1）。

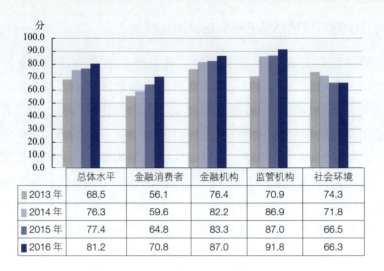

	总体水平	金融消费者	金融机构	监管机构	社会环境
■ 2013 年	68.5	56.1	76.4	70.9	74.3
■ 2014 年	76.3	59.6	82.2	86.9	71.8
■ 2015 年	77.4	64.8	83.3	87.0	66.5
■ 2016 年	81.2	70.8	87.0	91.8	66.3

图3-1　2013—2016年度全市总体得分情况

从金融消费者维度看，四年来的进步较明显，得分由2013年度的56.1分增至2016年度的70.8分，升幅达26.2%；四年来，宁波市的金融消费者增长比较均衡，2013—2014年度、2014—2015年度、2015—2016年度的上升幅度分别为6.3%、8.7%、9.3%。

从金融机构维度看，四年来得分呈上升趋势，由2013年度的76.4分增至2016年度的87分，升幅达13.8%。2013—2014年度、2014—2015年度和2015—2016年度的上升幅度分别为7.5%、1.3%和4.4%。

从监管机构维度看，四年来提升明显，由2013年度的70.9分增至2016年度的91.8分，升幅达29.5%。其中，2013—2014年度增长最快，升幅是22.6%；2014—2015年度、2015—2016年度的上升幅度分别为0.1%和5.6%。

从社会环境看，四年来呈L形下降趋势，得分由2013年度的74.3分降至2016年度的66.3分，降幅达12.1%。其中，2014—2015年度降幅相对较大；2013—2014年度、2015—2016年度的下降幅度分别为3.4%和0.3%。

（二）从准则层看全市总体情况

分析各准则层指标得分变化情况，有助于发现环境评估细分领域的发展趋势，找出问题，总结原因，更好地为下一步工作提供指导意见。

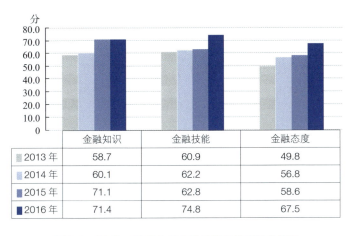

	金融知识	金融技能	金融态度
2013 年	58.7	60.9	49.8
2014 年	60.1	62.2	56.8
2015 年	71.1	62.8	58.6
2016 年	71.4	74.8	67.5

图3-2　2013—2016年度金融消费者维度得分情况

在金融消费者维度方面，金融知识、金融技能、金融态度在四年环境评估结果中显示不同程度的提高。从得分情况看，金融态度的发展势头良好，得分从2013年度的49.8分稳步提升至2016年度的67.5分，表明居民对金融知识和消费权益保护的关注程度有所提高。其原因有两个方面：一是科技创新加速了金融产品的创新，为参与这类产品的交易，要求消费者具备一定的金融知识和技能来理解产品信息，激发了消费者主动学习的积极性；二是移动互联技术的发展催生了以新媒体为代表的新型传播渠道，为消费者了解金融知识客观上提供了方便。同时，"一行三会"和金融机构积极开展各类金融知识普及活动，极大提升了消费者的参与度，营造了良好的学习氛围。

在金融技能方面，往年的金融知识普及活动极大提升了消费者的相关知识储备，并通过参与金融交易活动，很好地将这些知识运用到了实践中，显示出了金融技能的提升。从得分上看，金融技能在2016年度提升较快，同比提高12分，达到74.8分。

在金融知识方面，我们认为金融知识普及工作需要有所突破。从结果上看，金融知识在2015年度提升较大，同比提高了11分，达到71.1分。但2016年度提升并不明显，得分为71.4分。这意味着，一方面随着近年来金融系统一系列集中性、特色性金融知识普及活动的开展，随着全社会对金融消费者保护的日益重视，老百姓对日常生活中的金融知识尤其是基础金融知识的了解更加全面、深入，对自身权益维护的关注程度也有所提高；另一方面，相对金融机构和监管机构维度来说，金融消费者维度的得分总体是偏低的，金融知识得分增长速度在近两年也有放缓趋势。这在一定程度上说明，金融知识普及的工作理念开始从"大水漫灌"转向"精准滴灌"，即针对金融知识较为薄弱的群体，如青少年、老年人、文化程度较低的人群进行精准教育，为消费者整体金融素养提升寻找突破口（见图3-3）。

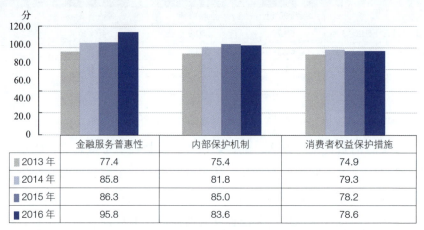

	金融服务普惠性	内部保护机制	消费者权益保护措施
2013 年	77.4	75.4	74.9
2014 年	85.8	81.8	79.3
2015 年	86.3	85.0	78.2
2016 年	95.8	83.6	78.6

图3-3　2013—2016年度金融机构维度得分情况

在金融机构维度方面，金融服务普惠性、内部保护机制、消费者权益保护措施三项指标表现出不同的发展趋势。

金融服务普惠性总体上表现出提高趋势，尤其在2016年度达到了95.8分，相较于2013年度的77.4分提高了18.4分。金融服务普惠性的提高主要得益于数字技术的发展提高了数字普惠金融的普及程度。借助计算机的信息处理、数据通信、大数据分析、云计算等一系列相关技术在金融领域的应用，促进了信息的共享，有效降低了交易成本和金融服务门槛，扩大了金融服务的范围和覆盖面。

内部保护机制在2015年度达到85.0分，2016年度有所下降，为83.6分，但总体稳定。主要原因在于近年来国务院、"一行三会"对金融消费权益保护工作的重视度日益提升，监管的要求一年比一年充实、严格。同时，在过去几年，金融机构也在内部保护机制方面做了一定的工作，如在制度建设、人事安排、义务履行方面强化了流程上对消费者的重视程度。未来，如何通过流程再造来平衡金融机构商业逐利和消费者合法权益，将是优化内部保护机制的重点工作。

消费者权益保护措施在2015年度、2016年度略微回落，得分分别为78.2

分和78.6分。随着社会公众在金融活动中的参与度越来越高，消费者的维权意识越来越强，金融消费领域的投诉量逐年增多，金融机构在消费者保护方面的问题暴露也逐年增多，金融机构的消费者权益保护措施需要更好更快地跟上消费者权益保护提出的新要求。

总的来说，金融机构在金融消费权益保护领域的进步是较为显著的，但对比监管机构和金融消费者的要求，还有一定的差距，未来还有许多方面需要改进，尤其是如何将金融消费权益保护的要求融入业务全流程中，尚有提升空间（见图3-4）。

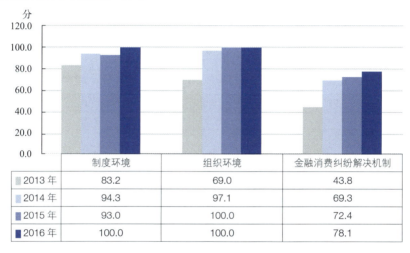

	制度环境	组织环境	金融消费纠纷解决机制
2013 年	83.2	69.0	43.8
2014 年	94.3	97.1	69.3
2015 年	93.0	100.0	72.4
2016 年	100.0	100.0	78.1

图3-4　2013—2016年度监管机构维度得分情况

在监管机构维度方面，制度环境、组织环境和金融消费纠纷解决机制都趋于完善。其中，制度环境和组织环境得分在2016年度都为100，整体环境已相对成熟。金融消费纠纷解决机制得分相对偏低，2016年度得分为78.1分，相对于2013年度的43.8分有较大提高。这得益于各类多元化金融消费纠纷化解机制的建立，以及相关工作规范的出台。但从评估结果上看，各类纠纷化解机制的作用还有待进一步发挥，尤其是在影响力推广方面，需要更多市场参与者了解、熟悉和信任，提高纠纷调解效率，营造良好金融交易氛围。

（三）各区县（市）总体情况

从各区县（市）情况来看，慈溪金融消费权益保护环境总体水平四年来提升最快，从2013年度的63.7分升至2016年度的80.8分，升幅达26.8%。奉化紧随其后，四年来得分从66.0分升至81.0分，升幅达22.7%。余姚四年来得分从66.2分升至80.1分，升幅达21%。宁海四年来得分从71.1分升至81.3分，升幅达14.3%。象山得分从66.6分升至81.3分，升幅达22.1%。北仑和镇海金融消费者保护环境四年来从71.3分升至81.0分，升幅达13.6%（见图3-5）。

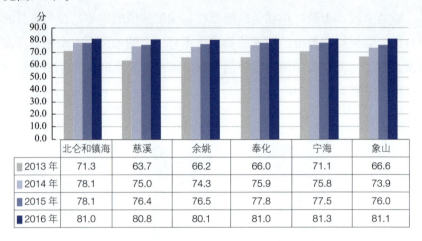

分	北仑和镇海	慈溪	余姚	奉化	宁海	象山
■2013年	71.3	63.7	66.2	66.0	71.1	66.6
■2014年	78.1	75.0	74.3	75.9	75.8	73.9
■2015年	78.1	76.4	76.5	77.8	77.5	76.0
■2016年	81.0	80.8	80.1	81.0	81.3	81.1

图3-5　2013—2016年度各区县（市）总体得分情况

从金融消费者维度来看，慈溪金融消费者水平四年来在各区县（市）中提升最快，从2013年度的51.2分升至2016年的74.4分，升幅达45.3%。余姚升幅居第2位，四年来得分从51.8分升至74.7分，升幅达44.2%。北仑和镇海从53.5分升至71.7分，升幅达34%。象山从55.9分升至72.4分，升幅达29.6%。宁海从56.0分升至70.2分，升幅达25.4%。奉化升幅相对较小，四年来得分从56.9分升至67.0分，升幅达17.8%（见图3-6）。

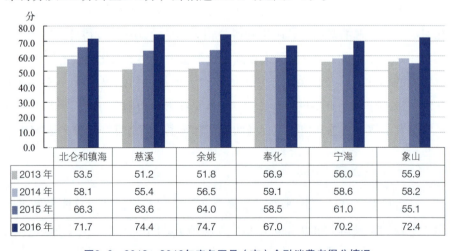

分	北仑和镇海	慈溪	余姚	奉化	宁海	象山
■2013年	53.5	51.2	51.8	56.9	56.0	55.9
■2014年	58.1	55.4	56.5	59.1	58.6	58.2
■2015年	66.3	63.6	64.0	58.5	61.0	55.1
■2016年	71.7	74.4	74.7	67.0	70.2	72.4

图3-6　2013—2016年度各区县（市）金融消费者得分情况

从金融机构维度来看，各地金融机构水平四年来总体保持了上升的态势。慈溪从2013年度的72.0分升至2016年度的83.4分，升幅达15.8%，为各区县（市）最高。余姚四年来从70.6分升至80.8分，升幅紧随慈溪，达14.4%。北仑和镇海四年升幅为12.5%，从74.7分升至84.0分。奉化和宁海四年升幅分别是10.2%、9.4%。象山金融机构的四年升幅相对较低，从79.0分升至84.7分，升幅为7.2%（见图3-7）。

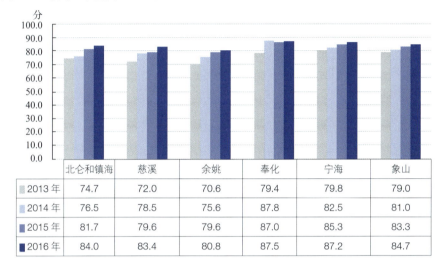

分	北仑和镇海	慈溪	余姚	奉化	宁海	象山
2013 年	74.7	72.0	70.6	79.4	79.8	79.0
2014 年	76.5	78.5	75.6	87.8	82.5	81.0
2015 年	81.7	79.6	79.6	87.0	85.3	83.3
2016 年	84.0	83.4	80.8	87.5	87.2	84.7

图3-7　2013—2016年度各区县（市）金融机构得分情况

从监管机构维度来看，各地监管机构水平四年来提升幅度相差不大。慈溪从2013年度的69.3分升至2016年度的91.8分，升幅达32.4%。同样，达到32.4%升幅水平的还有余姚、象山和奉化。北仑和镇海监管机构维度四年来从71.4分升至91.8分，升幅达28.5%。宁海四年来监管机构水平从73.6分升至91.8分，升幅达24.7%（见图3-8）。

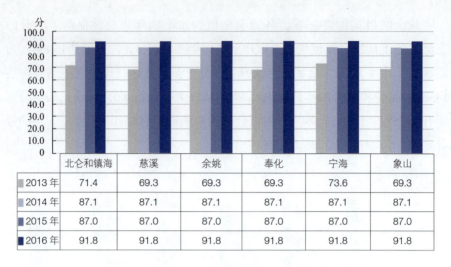

	北仑和镇海	慈溪	余姚	奉化	宁海	象山
2013年	71.4	69.3	69.3	69.3	73.6	69.3
2014年	87.1	87.1	87.1	87.1	87.1	87.1
2015年	87.0	87.0	87.0	87.0	87.0	87.0
2016年	91.8	91.8	91.8	91.8	91.8	91.8

图3-8　2013—2016年度监管机构维度得分情况

三、对环境评估试点工作的阶段性总结

（一）金融消费者层面

针对2014年度环境评估中发现的金融消费者参与金融活动与保护自身权益驱动不足的问题，近年来人民银行宁波市中心支行对金融素养的薄弱环节进行重点关注，连续多年积极推进"3·15金融消费者权益日"和"金融知识普及月"活动，创新开展"四明行　普惠情"公益金融宣传"金融知识宣传主题月"等活动。2016年环境评估中的消费者调查问卷发现，更多的受访者开始通过网络、手机等渠道来了解金融知识。在随后的金融教育活动中，全市金融系统力求线上线下结合，既有多地联动的广场宣传，也有"进学校""进工厂""进农村"等基层宣传，还有在微信、网络、广播上的宣传、有奖竞答，有效提升消费者参与金融知识教育的积极性。

2014年度，人民银行宁波市中心支行在得出评估结果后进一步提出，要将金融消费者教育纳入国民教育体系。对此，2015年度宁波启动了"金融普惠　校园启蒙"国民金融素质教育提升工程，并逐渐从"进校园""进课堂"发展到持续性的"进课程"。2017年，在宁海县先行先试，实现了与教育部门的通力合作，建立讲师联系学校、年度考评等保障工作长效性的机制，并在下半年将有关经验推广到鄞州区、慈溪市和余姚市。截至2017年末，已实现对宁海县全县87所中小学、1.9万名学生的全覆盖，完成对鄞州区、慈溪市、余姚市12所中小学、4800名学生的试点教学，编写了深受学生欢迎的金融知识读本《跟着钱博士学金融》。在此基础上，经过多次沟通，人民银行宁波市中心支行已与市教育局、市金融办以及宁波银监局、宁波证监局和宁波保监局三局联合发文，将相关工作部署推广到全市，使金融教育覆盖基础教育、职业教育、成人教育等各阶段。未来，将继续从学校教育入手，从根本上提升民众的金融素养。同时，紧跟互联网和新媒体发展趋势，将数字金融作为今后知识普及的重点内容，将数字化作为知识普及的重点渠道和重点方式。

（二）金融机构层面工作

针对2014年度评估中发现的金融服务普惠性有待提升的问题，宁波市近年来大力发展普惠金融，并于2015年10月由人民银行总行批复启动了普惠金融综合示范区试点。在试点中形成了"数字、精准、可持续"的做法，探索出了小微企业金融普惠、"三农"金融普惠、"双创"金融普惠，产业工人金融普惠等模式。在融资支付等方面，多项工作取得突破，形成了可复制推广的"宁波经验"。金融服务普惠性尤其在数字支付、多元融资、网点下沉等方面取得进展。

针对2014年度环境评估中发现的内部保护机制不足的问题，人民银行宁波市中心支行从2014年开始启动金融机构金融消费权益保护评估，对金融机构的制度建设、义务履行等进行考察，引导金融机构建立金融消费权益保护工作的事前协调、事中管控和事后监督机制。深入金融机构开展宣讲，组织金融机构业务骨干参加培训，有效提升了金融机构对金融消费权益保护的重视程度。经过几年努力，大部分银行业金融机构在内部保护机构、制度方面取得一定进展，落实履行安全保障义务、公平交易义务。部分金融机构对金融产品和服务的风险及专业复杂程度实施分级动态管理，执行适当性制度，有效降低了金融机构投诉纠纷比率。

针对2014年度环境评估中发现的金融机构在消费权益保护措施上需进一步完善的问题，近年来监管部门不断强化非现场评估与执法检查两大手段，对金融机构的金融消费权益保护工作开展情况进行检查评估，及时发现问题，提出整改意见，并对问题严重的金融机构进行行政处罚。

（三）监管机构层面

制度建设方面，针对2014年度评估中发现的监管部门联动不够、金融消费权益保护协作机制有待建立的问题，2015年初，人民银行宁波市中心支行牵头银监局、证监局、保监局、金融办、市场监管、公安、司法、法院等15个部门，建立了宁波市金融消费权益保护工作联席会议机制，并研究形成了《宁波市金融消费权益保护工作联席会议制度》，建立了以"一行三局"为核心，延伸到公、检、法及其他相关政府部门的协作会商机制。之后几年里，在联席会议机制框架下，各部门在环境评估方面开展了积极合作，在工作配合和数据提供方面的协作更加顺畅。

金融纠纷解决机制方面，2014年度评估报告中指出需要建立多元化的解决机制。2015年3月，宁波市金融消费纠纷人民调解委员会成立。2016年该委员会制定了《宁波市金融消费纠纷人民调解委员会调解工作规范》，规范了调解流程，实现调解队伍专业化。2017年委员会，进一步充实调解员队伍。目前已有20名人民调解员参与到调解工作中，其中1名入选浙江省二级人民调解员。同年，委员会正式进驻宁波市诉讼（调解）服务中心，建立了诉调对接机制。截至2017年末，委员会已累计接待来访300多人次，口头调解187起，开庭调解27起，庭解成功25起，现场司法确认1起，庭解成功率达到93%，被宁波市司法局评为"人民调解规范化创建优胜单位"。相关工作获得人民银行总行、宁波市委市政府等多位领导的肯定。

（四）社会环境层面

信用建设方面，2015年度评估报告中提出需要将金融消费权益保护和社会诚信体系建设相结合。对此社会各层面均日益加强对信用体系建设、诚信文化建设的重视，将之视为保护金融消费者权益、深化金融消费市场的重要一环。2016年12月29日，宁波市政府办公厅印发实施《宁波市社会信用体系建设"十三五"规划》，明确实现自然人、法人和其他组织的公共信用信息档案的目标。2016年，宁波市个人信用档案建档率和农户信用建档率分别达到60%和82.5%，相较于2014年45.5%和56.1%的水平，均提升明显。

同时，作为重要的普惠金融基础设施平台，宁波市普惠金融信用信息服务平台已初步建立。该平台基于小微企业、农户两大数据库而建立，已采集16个政府部门和公共服务机构的125项信息，为全市64家银行、小额贷款公司和保险公司服务，月查询量达到20多万次。

针对2016年度环境评估中发现的金融产品虚假宣传和金融机构未严格履行告知说明义务等问题，人民银行宁波市中心支行于2018年成立金融广告治理工作领导小组，负责参与协调金融广告线索监测、事实甄别、移送处理等各项工作，并与宁波市市场监督管理局、市金融办等部门开展协作，就金融广告治理的系统对接、信息互联互通、联合监督执法等方面形成初步的合作意向。组建"金融啄木鸟"志愿者监测小分队，建立违法违规金融广告监测线索通报微信群，形成常态化"随手拍"的监测工作机制。宁波市金融、消费权益保护协会制定了金融广告方面的行业规范和自律标准，规范行业内金融机构的广告行为。

（五）对于环境评估工作的反思和展望

2014年10月底，人民银行宁波市中心支行联合宁波市金融办召开发布会，向社会发布了第一期环评报告白皮书，并通过中国金融出版社正式出版《金融消费权益保护环境评估研究》。环境评估报告的发布，在地方政府、相关部门、监管机构及金融机构中引起了较大的反响。地方政府把金融消费权益保护工作纳入区域金融生态环境建设体系，监管机构、相关部门增强了工作的主动性和协调性，金融机构进一步明确了工作职责和内容。目前，环境评估方法已经被在其他地区加以推广和验证，但若需要在全国范围内推广，仍需对指标体系和评估方法不断完善。

在指标体系改进方面，如何保证指标体系的稳定性，考虑环境评估需要同时从时间和空间上进行合理比较，因此哪些指标具有普遍性，哪些指标具有地区差异性，需要进一步分析。

在赋权方法方面，在宁波的环境评估中，课题组邀请了包括政府机构、监管机构、金融机构、学术机构在内的各界专家学者参与指标赋权的确定，但如果想要将层次分析法推广至全国性的评估工作，需要解决以下问题：一是随着每年评估指标体系中具体指标的变化，需要保证指标权重的变化能够兼顾年度间得分比较，不在较大程度上使评估结果产生偏差。二是在全国性推广过程中，如何确定专家人员，在指标权重上能够顾及不同地区差异性的同时保证地区间的可比性，是一个需要解决的问题。

第二篇

各年度评估报告

第四章

2014 年宁波地区金融消费权益保护环境评估报告

一、评估总体思路

在第一年的环境评估中，课题组从生物学角度出发，定义环境为由生命主体及其赖以生存的物理条件共同组成的动态平衡系统。借鉴生物学理论，金融消费权益保护环境应该是指金融主体及其赖以生存的经济、社会、法治、习俗等条件组成的动态平衡系统。

由此，课题组以三类主体（金融消费者、金融机构、监管机构）为基础，加上无法纳入但有着重要影响的社会环境这一因素作为环境评估指标体系构建的基本框架。这主要是基于分主体发现问题并采取有针对性提升这一目标出发，通过调研分析，在全面了解和掌握区域金融消费环境总体情况的基础上，衡量金融消费环境中各主体作用发挥情况，比较辖内各区县（市）之间金融消费权益保护环境的优劣，查找区域金融消费权益保护环境中存在的问题及原因，并提出有针对性的改进建议，从而促进区域金融消费环境的改善、区域金融普惠能力的提升和区域金融生态环境的优化。

二、评估过程说明

（一）指标赋权

根据七大指标构建原则，以环境评估的优化环境、改善行为和提升能力为出发点，经过专家组多次研究和讨论，课题组最终确定了由目标层、准则层和指标层组成的环境评估三级指标体系。该指标体系由4个一级指标（目标层）、13个二级指标（准则层）和50个三级指标（指标层）组成。

（二）赋权结果

本研究采用层次分析法作为赋权的方法，在赋权中邀请了来自监管机构、金融机构和高校的48名专家采用德尔菲法进行指标两两重要性比较，经层次分析法建立模型层次、构造判断矩阵，层次单排序、层次总排序及其一致性等系统方法检验，对模型数据进行处理甄别，检验共有38份有效比较问卷，最后综合得出每个指标的具体权重，最大限度降低了指标赋权的主观性。具体指标权重见表4-1。

表 4-1　金融消费权益保护环境评估指标体系（2014年）

目标层		准则层		指标层		总权重
指标名称	级内权重	指标名称	级内权重	指标名称	级内权重	
金融消费者	0.268	金融知识	0.363	基础金融知识水平	0.37	0.0360
				消费权益知识水平	0.63	0.0613
		金融技能	0.238	个人金融管理能力	0.45	0.0288
				消费权益保护能力	0.55	0.0352
		金融态度	0.399	金融水平提升积极度	0.43	0.0460
				消费权益保护主动性	0.57	0.0610

目标层		准则层		指标层		总权重
指标名称	级内权重	指标名称	级内权重	指标名称	级内权重	
金融机构	0.218	金融服务普惠性	0.304	营业网点服务满足率	0.217	0.0143
				自助设备常用业务覆盖率	0.131	0.0087
				网上银行常用业务覆盖率	0.155	0.0102
				手机银行常用业务覆盖率	0.15	0.0099
				POS机交易需求满足率	0.225	0.0149
				从业人员服务满足率	0.122	0.0081
		内部保护机制	0.218	内部保护制度建设	0.138	0.0065
				内部保护组织建设	0.092	0.0044
				主要领导参与率	0.281	0.0134
				实施部门指定情况	0.156	0.0074
				投诉处理流程完备性	0.148	0.0070
				投诉办结率	0.185	0.0088
		消费者权益保护措施	0.478	交易安全保障	0.257	0.0268
				人身安全保护	0.041	0.0043
				风险提示合规率	0.083	0.0086
				信息披露达成率	0.149	0.0155
				不规范营销处罚制度	0.052	0.0054
				收费信息公示	0.057	0.0059
				自发宣传网点覆盖率	0.04	0.0042
				个人信息安全保护	0.181	0.0189
				投诉电话公示情况	0.049	0.0051
				权益保护内部培训覆盖率	0.091	0.0095

目标层		准则层		指标层		总权重
指标名称	级内权重	指标名称	级内权重	指标名称	级内权重	
监管机构	0.36	制度环境	0.313	人行保护制度完备性	0.301	0.0339
				三局保护制度完备性	0.225	0.0254
				地方机关保护制度完备性	0.143	0.0161
				行业协会保护制度完备性	0.104	0.0117
				检查涉及权益覆盖率	0.227	0.0256
		组织环境	0.113	相关单位保护组织成立情况	0.252	0.0103
				相关单位权益保护消保工作人员配备情况	0.187	0.0076
				行业权益保护组织成立情况	0.155	0.0063
				司法机关专门审判机制建设情况	0.406	0.0165
		金融消费纠纷解决机制	0.332	第三方纠纷解决机制建立情况	0.439	0.0525
				监管机关投诉电话开通情况	0.22	0.0263
				区域保护协调机制建设情况	0.341	0.0408
		金融消费投诉处理	0.242	年金融消费纠纷投诉调解结案率	0.5	0.0436
				管理部门投诉处理满意率	0.5	0.0436

目标层		准则层		指标层		总权重
指标名称	级内权重	指标名称	级内权重	指标名称	级内权重	
社会环境	0.154	地区诚信度	0.5	金融犯罪案件情况	0.267	0.0206
				金融机构违规经营情况	0.285	0.0219
				地区假币浓度	0.155	0.0118
				主要个人贷款违约情况	0.142	0.0108
				个人信用档案建档率	0.151	0.0116
		社会监督	0.5	本地媒体金融消费权益保护监督报道情况	0.5	0.0385
				金融消费权益保护提案及建议情况	0.5	0.0385

根据赋权结果，目标层的"三类主体、一个基础"中，专家评估得出的目标层权重可以看出，监管机构对金融消费权益保护环境的影响最大，金融消费者和金融机构次之，社会环境的影响最小（见表4-2）。

表 4-2 各目标层指标重要性比较

指标名称	权重
金融消费者	0.268
金融机构	0.218
监管机构	0.360
社会环境	0.154

根据马克思主义哲学理论，监管机构属于矛盾的主要方面，提升监管机构金融消费保护权益水平将会对改善整个金融消费权益保护环境起到事半功倍的效果。同时，也需要在坚持重点论的基础上坚持两点论，不能忽略金融消费者、金融机构、社会环境对金融消费保护权益的影响，有效推

动金融消费者金融能力的提升，推动金融机构金融消费权益保护工作水平的提升，推动金融消费权益保护社会环境水平的提升，进而实现金融消费权益保护环境的全面提升。

同理，在准则层和指标层的权重中，权重较大的，对金融消费权益保护环境的水平影响较大，因此，需要重点关注这些指标，提出有效的改善和提升建议，从根本上提升金融消费权益保护环境水平。

（三）数据来源

本研究数据由于涉及面广，因此通过多种渠道采集研究所需数据：一是公开统计数据。宁波地区经济和社会等方面的指标采用权威的标准统计数据，如《宁波金融年鉴（2013年）》、宁波市统计局网站上的数据等。二是金融机构自评估数据。对金融机构维度的评估数据，来自人民银行宁波市中心支行组织的对宁波辖区内银行、证券（含期货）、保险等行业各金融机构金融消费权益保护自评估的数据，这些数据反映了金融机构金融消费权益保护工作的现状。三是各类监管机构数据。本次环评对监管机构维度的评估数据，主要通过向相关部门或组织发调研函的形式征集，面向宁波市各区域"一行三局"等金融监管机构、各类金融行业协会、地方司法部门以及其他相关部门征集数据，这些数据基本涵盖了金融监管的方方面面。四是问卷调查。在金融消费者维度的评估中，采用问卷调查的形式，对金融消费者的金融能力、金融消费权益保护满意度等进行调研，最终每个区域所得有效问卷均在800～1500份，达到了数据分析的基本要求。通过以上方式共对183个需求展开数据收集，共收集到数据380014条。

三、评估结果分析

（一）整体情况分析

宁波市金融消费权益保护环境总体情况良好，金融机构和监管部门金融消费权益保护工作到位，社会环境状况较佳，金融消费者金融能力相对较弱，辖内区域之间总体均衡。

根据环境评估数据的测算，宁波市金融消费权益保护环境得分为71.1

分。在当前金融消费权益保护工作在全国乃至全世界都处于探索、起步阶段的情况下，宁波市金融消费权益保护环境总体良好，这主要得益于在辖内各管理部门此项工作起步较早，辖内金融机构已基本建立工作框架，以及宁波良好的社会基础环境。

1.从影响因素分析，金融机构、监管机构和社会环境总体水平较高，金融消费者金融能力相对较弱

从影响金融消费权益保护环境水平的三类主体和一个基础来看，金融机构、监管机构和社会环境分别达到79.9分、76.5分和72.7分，总体水平较高，而金融消费者的金融能力总体水平相对较弱，为55.7分，这拉低了宁波市整体金融消费权益保护环境水平。

2.从区域情况看，市区情况明显好于各区县（市），各区县（市）水平比较接近

宁波市金融消费权益保护环境整体水平为71.1分，市区表现较好，为77.6分；开发区、宁海县超过了平均水平，分别为74.1分和72.9分；而余姚市、慈溪市、奉化市和象山县尚不到平均水平，分别为69.4分、66.5分、67.7分和68.7分。总体来看，宁波地区各区县（市）金融消费权益保护环境水平总体均衡（见表4-1）。

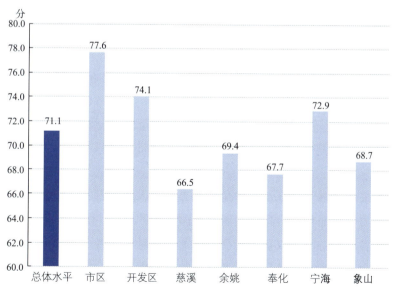

图4-1　2013年度金融消费权益保护环境整体水平区域分析

（二）金融消费者情况分析

金融整体能力相对较弱，在银行业领域表现出的能力高于证券业和保险业。

1.辖内金融消费者金融能力较弱，金融技能水平高于金融知识水平和金融态度水平

通过对辖内各区县（市）金融消费者共3500份有效问卷的量化分析，宁波辖区金融消费者的总体金融能力水平为55.7分，相比金融机构、监管部门这两大主体和社会环境情况看，消费者的金融能力相对较弱。从影响金融消费者金融能力的金融知识、金融技能和金融态度这三大要素来看，金融消费者的金融技能得分最高，为60.9分；金融知识水平次之，为58.7分；金融态度得分最低，为49.8分（见表4-2）。

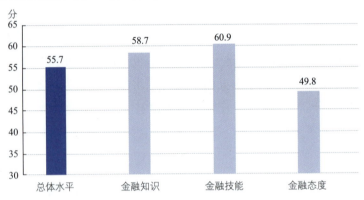

图4-2 2013年度金融消费者金融能力影响因素分析

2.辖内金融消费者的个人金融管理能力水平最强，对普通消费权益知识的了解与熟知程度以及维权意识远远高于金融相关知识

本书从金融消费权益保护角度来界定金融消费者的金融能力。因此，金融能力一方面包括金融消费者对金融本身的理解，另一方面还要包括金融消费者对金融消费权益的把握。据此，金融消费者金融能力就需要从三大要素六个维度进行考量，并通过反映各指标水平的具体问题来对各个素质截面的表现水平进行测量。

从以上影响到金融消费者金融能力的六个具体维度看，在金融知识方面，金融消费者的金融基础知识水平为51分，相对比消费者的消费权益知识水平低12.2分，可见，消费者对普通的消费权益知识的了解与熟知程度远远高于金融相关知识。在金融技能方面，个人金融管理能力为68.4分，超过消费权益保护能力13.6分，也是与金融消费者相关的六个维度里得分最高的因素，可见，辖内金融消费者更愿意投放精力在金融产品、工具的管理、应用上，而相对较少花精力在提升消费权益的自我保护能力上。在金融态度方面，金融水平提升积极度与消费权益保护主动性得分接近（见图4-3）。

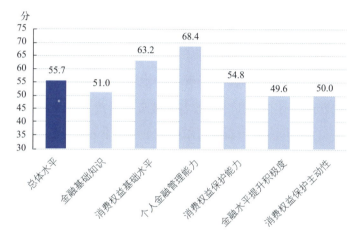

图4-3　2013年度金融消费者金融能力具体指标分析

3.从分行业金融消费者的金融能力来看，金融消费者在银行业领域表现出的金融能力比证券和保险要高

由于银行、证券、保险等不同类金融机构与金融消费者日常金融活动的接触方式和联系紧密度存在一定的差异，所以金融消费者在不同行业所表现出来的金融能力也有差异。根据调查评估分析，金融消费者在银行业、证券业和保险业金融能力得分分别为57.2分、54.6分和53.4分。相对来看，银行业领域表现出的金融能力比证券和保险要高，但总体都处于相对较低的水平（见图4-4）。

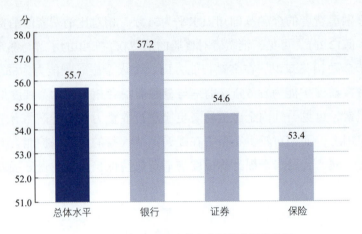

图4-4　2013年度金融消费者金融能力行业分析

4.从区域情况看，金融消费者的金融能力区域差异明显

根据问卷调研评估分析，宁波各区域金融消费者金融能力在区域间存在明显差异。宁波市金融消费者金融能力平均水平为55.7分，其中：市区的金融消费者的金融能力为66.3分，较其他各区县（市）要高出10分以上；南三县①差异不大，既均高于全市平均水平，也高于北三县水平；北三县均低于全市平均水平，慈溪市处于全市最低水平，为50.8分，次之是余姚市，为51.3分（见图4-5）。

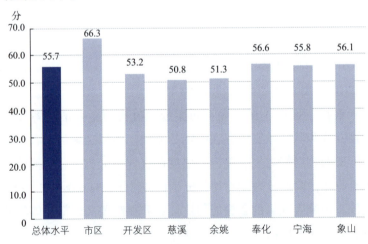

图4-5　2013年度金融消费者金融能力区域分析

① 宁波习俗上按地理方位上将宁波各县（市）、区分为南三县和北三县，其中南三县包括奉化市、宁海县和象山县，北三县为开发区（含镇海区、北仑区、宁波保税区、大榭经济技术开发区、梅山保税港区）、慈溪市（含杭州湾新区）和余姚市。

从各区域问卷调研结果来看，市区的金融消费者无论是总体的金融能力表现，还是从银行、证券、保险行业金融能力的表现来看，都要显著高于其他区县（市）；从行业对比来看，无论是市区还是区县（市），金融消费者在银行业领域的金融能力表现也比证券行业、保险行业领域表现出的金融能力更好。

5.金融消费者对金融服务新技术的应用能力较强

从问卷调研分析可以看出，宁波市金融消费者对新技术获取渠道方面的基础金融知识水平相对较好，特别是对网银的使用上，总体水平达到了69.2分，市区的水平也相对最高，达到了75.6分。

在科技日新月异的今天，金融消费者获取金融机构服务已经不再仅仅依托于金融机构的物理网点，网络途径、智能手机的普及也使得金融机构提供产品或服务的渠道更为多元化。宁波市金融消费者对这些新技术渠道有较高的接受度（见图4-6）。

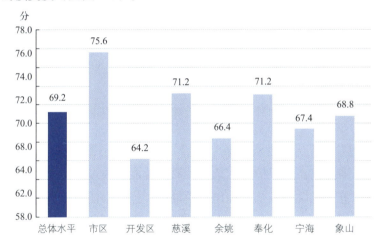

图4-6 2013年度消费者对金融服务新技术渠道的应用情况

（三）金融机构情况分析

金融机构金融消保总体表现较好，但金融服务普惠性及内部保护机制有待加强。

1.从影响因素分析，金融机构的消费者权益保护措施情况较好，内部保护机制建设情况次之，金融服务普惠性任重道远

影响金融机构金融消费权益保护水平的因素归纳起来主要包括三个方

面，即金融服务普惠性、内部保护机制建设、消费者权益保护措施。通过对辖内银行、证券、保险机构①的调查和评估发现，金融机构是影响区域金融消费权益保护环境的四大基础因素中得分最高的，为79.9分。具体到影响金融机构金融消费权益保护水平的三大指标来看，金融机构消费者权益保护措施表现最高，为85.5分；内部保护机制建设情况也不错，为81.3分；金融服务普惠性明显偏弱，为69.7分。这与辖内人民银行以及银、证、保监管部门在全国较早启动金融消费权益保护工作，各金融机构落实管理要求比较扎实是分不开的（见图4-7）。

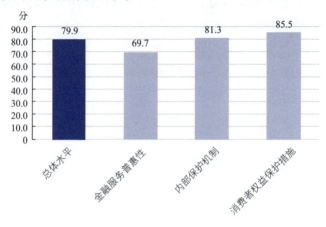

图4-7　2013年度金融机构金融消费权益保护影响因素分析

2.金融服务普惠性各项影响因素发展比较平衡

金融消费权益的保护首先是金融消费者能够通过一定的渠道获得金融产品和服务，金融服务普惠性是金融机构实施金融消费权益保护的前提。金融服务普惠性主要涉及渠道和人员两个方面，具体可从营业网点服务满足率、自助设备常用业务覆盖率、网上银行常用业务覆盖率、手机银行常用业务覆盖率、从业人员服务满足率、POS机交易需求满足率等六个维度做衡量。根据调查和评估，金融服务普惠性总体水平为69.7分，六项影响指标发展比较均衡，其中，从业人员服务满足率最高，为75.6分；营业网点服务满足度和网上银行常用业务覆盖率均高于总体水平；自助设备常用业务

---

① 本次相关数据的采集共涉及银行、证券（含期货）、保险等三大金融行业，其中银行51家2031个网点，占86.17%；证券公司5家法人主体及113个证券营业部，占4.79%（注：证券公司在宁波多数为营业部，仅有5家分公司法人机构）；保险公司52家213个网点，占9.04%。

覆盖率、手机银行常用业务覆盖率和POS机交易需求满足率均低于总体水平，其中POS机交易需求满足率最低，为68.2分（见图4-8）。

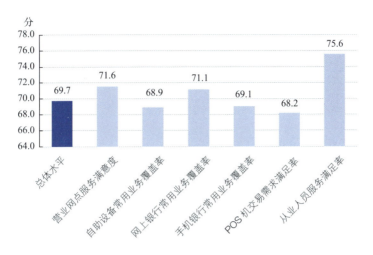

图4-8　2013年度金融服务普惠性指标分析

3.金融机构内部保护机制基本健全，对投诉处理非常重视，主要领导参与相对较差

金融机构从内部建立金融消费权益保护的各项制度，是确保金融机构的业务行为包含金融消费权益维护内容的保障，也是防范金融机构侵犯消费者权益的基础。根据调查和评估，宁波辖内金融机构的内部保护机制建设比较完善，得分为81.6分，其中，投诉办结率得分为99.1分，未结的案件由于跨年度统计造成且均在后续处理妥当，反映出辖内金融机构非常重视投诉事项的处理，同时也已基本建立了较为高效的投诉处理机制。同时，各金融机构的内部保护组织建设也比较完善，大部分金融机构均成立了专门的领导小组，并指定相应的责任部门和人员负责金融消费权益保护工作。但其中主要领导参与率相对较少，为65.2分（见图4-9）。

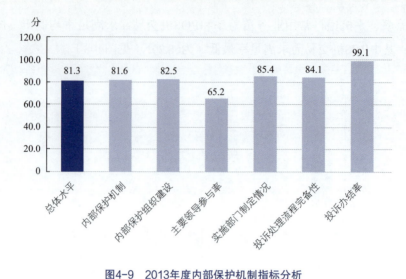

图4-9 2013年度内部保护机制指标分析

4.金融机构对权益保护措施实施比较到位，较好地保障了金融消费者的各项权益

金融消费者的权益能否得以保障，关键还在于金融机构对维护消费者权益的各项保护措施是否落实到位，重点是金融机构在保护金融消费者安全权、知情权、选择权、公平交易权、受教育权、隐私权、监督权等七大权益方面的实施情况，具体主要对应涉及七大权益的交易安全保障、人身安全保护、风险提示合规率、信息披露达成率、不规范营销处罚制度、收费信息公示、自发宣传网点覆盖率、个人信息安全保护、投诉电话公示情况、权益保护内部培训覆盖率等10个维度。

根据调查和评估，辖内金融机构消费者权益保护措施总体水平得分为85.5分，其中，金融机构在交易安全保障、人身安全保障、信息披露、不规范营销处罚、个人信息安全保护等方面都积极采取了相应的措施。但权益保护内部培训覆盖率较低，仅为47.1分，需要引起金融机构的重视（见图4-10）。

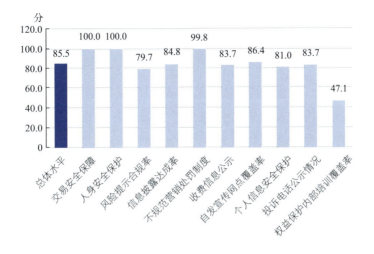

图4-10　2013年度消费者权益保护措施分析

5.从银、证、保不同行业金融机构情况看，保险业金融机构在消费者权益维护措施方面最到位，银行业金融机构次之，证券期货业相对偏低

从各类金融机构在金融消费权益保护方面的综合表现来看，保险业金融机构表现最好，金融消费权益保护整体水平达到了79.9分，银行业金融机构为77.7分，证券业金融机构该指标水平较低，仅为68.0分（见图4-11）。

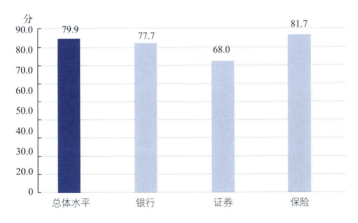

图4-11　2013年度金融机构金融消费权益保护行业分析

从银、证、保行业金融机构的内部保护机制建设情况分析，保险业金融机构涉及内部保护机制建设的各项指标数据表现较好，银行业和证券

业金融机构需要从制度建设、组织建设以及领导参与方面给予重视，并落实相应的部门具体负责金融消费权益保护工作，建立完备的投诉流程管理制度。

从银、证、保金融机构的消费者权益保护措施落实情况分析，银行业金融机构涉及消费者权益保护措施的各项指标数据表现较好，证券业和保险业金融机构目前还没有强制性的收费信息公示和投诉电话公示等要求，在自发开展宣传网点和加强内部员工金融消费权益保护知识培训等方面，证券业和保险业金融机构应转变观念，在注重营销的同时加强金融消费权益保护知识的外部宣传以及内部员工的培训，从思想意识和能力上提升，真正将金融消费权益保护工作落到实处。

6.从各区域情况看，金融机构金融消费权益保护情况市区最好，宁海第二

从图4-12可以看出，各类金融机构的金融消费权益保护总体水平较高，各区域的平均水平达到了79.9分，各区域之间差异不大。其中，市区表现最好，达到了83.2分的较高水平；其次是宁海县，为81.6分；余姚相对最低，为77.5分。同时，各区域的银行业和保险业总体水平较好，证券期货业总体水平较低。从银行、证券期货和保险不同行业看，除市区外，最好的也是宁海县。

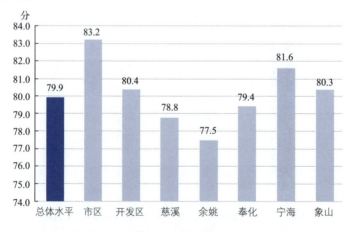

图4-12 2013年度金融机构分区域金融消费权益保护整体水平

7.从区域金融消费权益保护的三大影响因素看，市区金融机构的金融服务普惠性明显好于各区县（市），宁海县金融机构在内部保护机制建设方面比较到位，奉化市金融机构在落实消费者权益保护措施方面比较到位

一是金融服务普惠性方面，宁波市区比各县（市）支行对应的管理区域明显要高，达到79.9分，这与各金融机构更重视市区资源投入相对充分有直接关系；慈溪市、开发区、奉化市和余姚市均不足70分（见图4-13）。

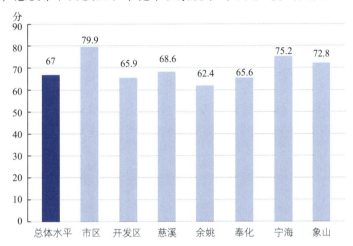

图4-13　2013年度各区域金融机构金融服务普惠性水平评估

二是内部保护机制建设方面，宁海县各金融机构的内部保护机制建设情况最完善；慈溪市、宁波市区、象山县和开发区也比较健全；相对来说，余姚市和奉化市得分偏低一些，内部保护机制建设水平不足80分（见图4-14）。

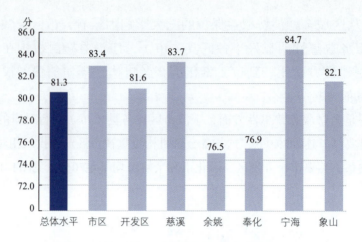

图4-14　2013年度各区域金融内部保护机制情况

　　三是消费者权益保护措施方面，奉化市金融机构的消费者权益保护举措落实最到位，为85.2分；最低的是市区，为78.6分（见图4-15）。

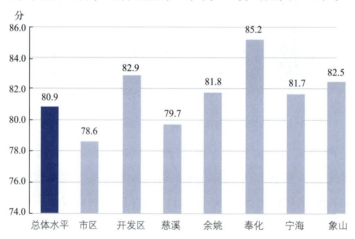

图4-15　2013年度各区域消费者权益保护措施情况

8.验证分析

　　从金融消费者反馈的对金融机构日常金融消费权益保护的满意度问卷来看，各区域根据调研得到的金融消费者满意度数据均高于通过指标数据计算出的金融机构金融消费权益保护水平，反映出指标的设计以及由此得出的金融机构金融消费权益保护水平具有较高的可信度（见图4-16）。

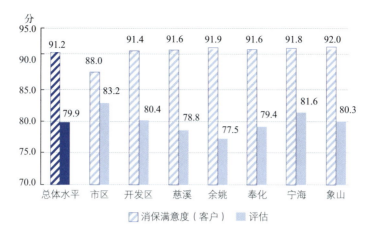

图4-16 2013年度金融机构金融消费权益保护水平验证

（四）监管机构情况分析

监管机构致力于推动金融消费权益保护工作，维护区域良好金融生态环境。

在金融消费市场，金融机构是金融产品与服务的供给方，金融消费者是金融产品与服务的需求方，而监管部门除了承担"监管者"的职责之外，在某种程度上还担当着"第三方"的角色，如为金融消费市场提供各类金融基础设施、制定并维护市场规则、为金融消费者与金融机构进行金融消费纠纷调解等。宁波辖内监管机构的金融消费权益保护水平的权重为0.36，是构成宁波市金融消费权益保护环境的四大影响因素中权重最大的因素。经调查分析，宁波辖内监管机构金融消费权益保护得分为76.5分，显示宁波市各监管部门对金融消费权益保护这项工作处于比较良性的状态，积极通过各种手段和方法在辖内推动组织建设、制度建设、纠纷解决机制和投诉处理等，努力维护金融消费者合法权益，营造良好的金融消费环境，推进辖内金融生态环境建设。

1.从影响因素分析，监管部门金融消费投诉处理高效，制度建设和组织建设上推进有效，金融消费纠纷解决机制有待进一步完善

影响监管机构金融消费权益保护水平的因素为制度环境、组织环境、金融消费纠纷解决机制、金融消费投诉处理等四个方面。宁波市金融消费投诉处理表现最高，为100分；金融消费纠纷解决机制表现最低，为53.7分（见图4-17）。

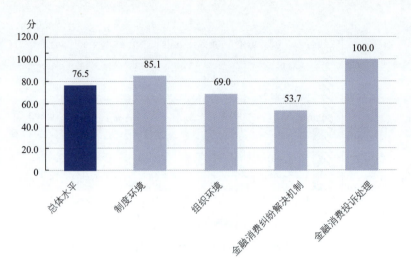

图4-17　2013年度监管机构金融消费权益保护影响因素分析

2.制度环境初步形成

在制度建设方面，各监管部门和管理部门或是制定相关的金融消费权益保护的制度或文件，或是执行上级管理部门金融消费权益保护制度，金融消费权益保护制度初步建立。

对制度的执行情况和对各类权益的保护情况，2013年人民银行宁波市中心支行、宁波银监局、宁波证监局、宁波保监局（以下简称"一行三局"）均对金融机构开展了监督检查。人民银行宁波市中心支行2013年针对个人金融信息保护情况，对部分金融机构开展了执法检查，同时首创"三维五步评估法"，对辖区银行业金融机构保护金融消费权益的情况开展了评估，这一软性监督检查手段目前已被人民银行总行在全国推广。宁波银监局、宁波证监局和宁波保监局分别针对各自业务领域中七大类金融消费权益保护情况（除发展权以外）开展了检查，监督检查涉及的权益覆盖率达到了100%（见图4-18）。

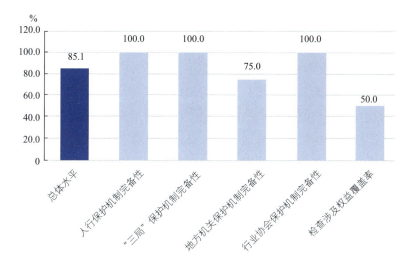

图4-18　2013年度制度建设分析

3.监管部门组织安排有保障

从调研情况来看（见图4-19），"一行三局"、市场监督管理部门、行业协会及消费者权益保护组织基本都设置了专门的金融消费权益保护工作负责部门，并配备了一定数量的专职工作人员，保证了金融消费权益保护工作能够在良好的组织体系中顺利开展。

公安和司法层面，目前北仑区人民法院和宁海县人民法院已成立了金融审判合议庭，市区江东区人民法院金融审判庭目前已获批并正在筹建中，专门的审判组织的建设仍有待加强。

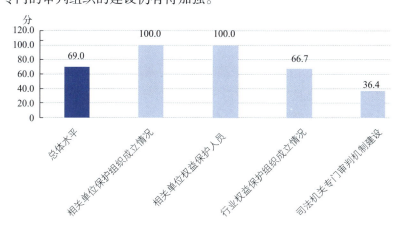

图4-19　2013年度监管部门组织建设情况分析

4.金融消费纠纷解决机制健全，监管机构都开通了投诉电话，方便金融消费者保护自身权益，而第三方纠纷解决机制建设和区域保护协调机制建设方面已见雏形

从调研情况来看（见图4-20），2013年"一行三局"都已建立了较为完备的投诉处理机制。如"一行三局"均开通了专门的投诉受理电话，建立了信访投诉接待机制，并通过多种渠道向社会公布了投诉维权渠道；按照规范的金融消费者投诉处理工作规程受理和处理金融消费投诉；通过相应的监督、管理措施督促金融机构及时纠正违规行为、保护金融消费者合法权益。

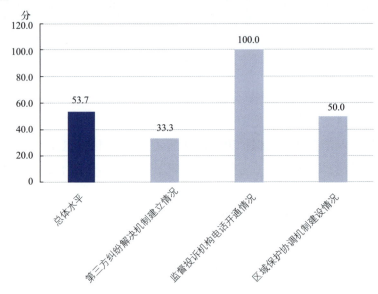

图4-20　2013年度金融消费纠纷解决机制分析

目前，监管部门对于金融消费纠纷的调解仍以行政调解为主，第三方调解的形式也已见雏形。做得比较好的如宁波保监局牵头成立的宁波市保险合同纠纷人民调解委员会，聘请了28位司法局、消保委、律师、公估师等业外专家担任人民调解员，2013年年底被宁波市委市政府授予了"优秀人民调解委员会"称号。人民银行宁波市中心支行牵头组建的宁波市金融消费权益保护专家库吸收了"一行三局"、司法部门、消保委的相关专家，为重大、疑难金融消费纠纷的调解提供专业支持。

调研中发现，监管部门之间彼此建立了相互协作的机制，如人民银行宁波市中心支行牵头成立的一事一议的"一行三局"金融消费权益保护

协作机制，已经在金融消费者教育、投诉处理等方面建立了基本的协作框架；银、证、保"三局"与各自的行业协会、被监管机构之间建立的行业内金融消费权益保护协作机制；人民银行宁波市中心支行与宁波市消保委之间以会议纪要形式确立的投诉处理、案例数据共享、专家库建设、消费者教育合作机制等。

5.金融消费投诉处理高效

经调查，"一行三局"、行业自律组织和消费者权益保护组织在2013年共收到投诉688起，均在年内得到结案，投诉办结率和调解结案率均达到100%，抽取其中5%的投诉进行满意度调研，从被调研的金融消费者反馈情况来看，对投诉的处理均表示满意，投诉处理满意率达到100%。总体来看，监管部门在金融消费投诉处理方面表现较好。

6.从区域情况看，差异不明显

由于多数的监管机构在宁波区县（市）域并没有下辖的机构，其金融消费权益保护基本由市级的监管部门承担。同时，在有县（市）级机构的监管机构，在制度环境建设和组织环境建设方面，基本是在贯彻市级监管机构的制度和要求。除了可以明确区分的司法机关专门审判机制建设情况外，其他的指标水平基本属于同一水平，其在金融消费权益保护方面取得的成果和存在的问题基本相似（见图4-21）。

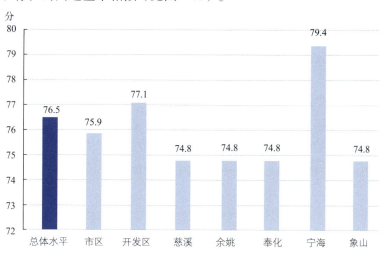

图4-21　2013年度监管机构金融消费权益保护区域分析

（五）社会环境情况分析

社会环境总体良好，地区诚信度情况上乘，社会监督也比较有力。

金融消费者、金融机构、监管机构是金融消费权益保护的主体，在金融消费权益保护方面起着直接的作用。但除这三者之外，社会环境也是影响金融消费权益保护环境水平的最基础因素。具体可从地区诚信度和社会监督两个维度对其进行分析与评估。经调查分析，宁波市金融消费权益保护的社会环境得分为72.7分，反映了宁波市社会环境基础良好。

1.从影响因素分析，地区诚信意识强，诚信建设到位，社会监督力量有提升空间

影响金融消费权益保护社会环境的因素为地区诚信度和社会监督两方面。宁波地区诚信度表现较好，为83.5分；社会监督方面相对较弱，为61.9分（见图4-22）。

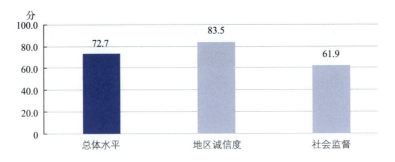

图4-22　2013年度金融消费权益保护社会环境影响因素分析

2.地区诚信环境较好

宁波市地区诚信度整体水平为83.5分，在地区假币浓度、主要个人贷款违约、金融机构违规经营情况方面整体较低，正向化结果较好，而在个人信用档案建档方面尚需要进一步推进（见图4-23）。

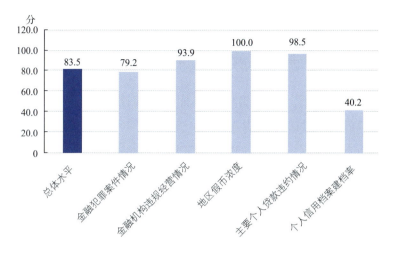

图4-23 2013年度地区诚信度分析

3.社会各界对金融消费权益保护的关注和监督有待提升

社会监督方面,媒体对金融消费权益保护的监督报道比较关注,因此,对应的指标值达到了81.0分,地方人大和政协需要加强对金融消费权益的关注,通过提案的形式,将金融消费权益保护纳入法制化和政策化轨道(见图4-24)。

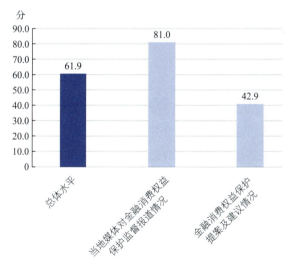

图4-24 2013年度社会监督分析

四、评估小结

（一）金融消费者能力水平有待提高

从金融消费者、金融机构、监管机构和社会环境四大维度分析来看，金融消费者能力水平表现欠佳，总体不到60分，对金融消费权益保护环境的水平有较大影响。导致金融消费者金融能力总体相对较弱的原因主要有：

一是信息不对称。与金融消费者相比，金融机构作为金融产品的提供方，对于产品的风险特性、收益能力等相关要素了解得更为清楚。近些年来在某些领域的过度金融创新则加剧了这种信息的不对称。作为金融消费者，为弥补信息不对称的短板，唯一能够采取的方式就是不断积累信息，但由于信息搜寻和学习成本高昂，且如果达到信息完全对称，这些成本常常大于金融消费者从金融产品中获得的收益或从金融服务中获得的效用。

二是大部分金融消费者的能力难以应对金融产品的专业性。金融产品较其他产品具有专业性和复杂性等特点，如果要对金融产品能够全面地掌握，全面而体系化的学习是必不可少的。而现实中，多数金融消费者不可能有机会系统地学习金融知识，这导致了大部分金融消费者金融能力不足，参与金融活动的意愿也不高。

（二）金融消费者参与金融活动并保护自身权益的驱动不足

一是金融消费者参与自身权益保护的成本很高导致金融消费者存在"搭便车"的想法。金融体系和金融产品在很多方面具有明显的公共物品的特征，这种特征是导致金融消费者在自身权益维护方面"搭便车现象"的根源。由于作为个体的金融消费者对金融机构采取监管的成本非常高，每个消费者都期望其他消费者能够在日常消费中对金融机构采取监督，在自身金融消费权益保护方面也是如此。这客观上削弱了金融消费者获取金融知识和消费权益保护知识的意愿。

二是金融垄断的存在，导致维权存在较大的困难。在金融市场上，金融消费者相对于金融机构处于弱势的地位，金融机构拥有产品条款的制定权、服务收费的决定权等。以产品条款制定来说，作为产品条款制定方的金融机构，在制定产品条款时往往从更有利于自身的方面考虑，而可能将不利的方面纳入责任免除。金融消费者在与金融机构签订服务合同或协议后，如出现了损害金融消费权益且又在产品责任免除条款内的情况时，金融消费者的维权很难从法律层面上获得支持，这也成为金融消费者参与金融活动以及保护自身权益驱动不足的重要原因。

（三）金融消费者在银、证、保不同行业表现出的金融能力存在差别

从问卷调研结果来看，金融消费者在银行业领域的金融能力表现比在证券行业、保险行业领域明显要好。这主要有以下原因：

一是业务接触的黏度存在差异。由于银行的存取款、信用卡、支付缴费等业务与金融消费者生活息息相关，这种业务强黏性特点使得金融消费者对银行的相关业务知识有一个逐步熟悉和掌握的过程；而金融消费者与证券公司的接触主要在开销户时，与保险公司的接触主要在投保和理赔时，而后续的相关交易都不需要依托物理网点和从业人员，这种业务低黏性的特点不利于金融消费者对证券和保险相关知识的掌握。

二是业务发生的频度存在差异。从调研结果来看，每月人均在银行办理业务次数为3.7次，而每月人均到证券公司和保险公司办理的业务次数仅为0.11次，这表明金融消费者可以有更多机会与银行物理网点和从业人员接触，银行营业网点的金融知识宣传和从业人员金融知识的介绍，对金融消费者金融能力的提升有直接的作用。

三是各行业宣传教育力度存在差异。银行具有物理网点多的优势，每年银行都会依托银行网点开展面向金融消费者的金融知识普及活动，同时，会通过自发地进市区、进市场、进学校等活动宣传相关金融知识；而证券公司和保险公司一方面囿于物理网点少的限制，另一方面走进基层的金融知识宣传普及活动较少。物理网点的数量和走进基层活动的频率直接反映了各金融行业的宣传教育力度，直接影响着金融知识的普及。

（四）金融服务普惠性有待提升

在金融机构金融消费权益保护的三个维度中，金融服务普惠性的总体水平最低，且处于较低的水平，需要金融机构引起重视。

一是基础服务总体供不应求。从对金融服务普惠性的营业网点服务满

足度、POS机交易需求满足率、从业人员服务满足率等指标来看，在对各区域金融消费者调研的基础上，我们发现，目前的金融机构相关配套的供给情况与金融消费者的基本服务需求尚有一定差距。

二是扩展渠道功能开发不够。从金融服务普惠性的自助设备常用业务覆盖率、网上银行常用业务覆盖率、手机银行常用业务覆盖率等指标来看，目前农信社及村镇银行无自助设备、网上银行、手机银行，所有的业务只能通过营业网点来办理，但这些银行网点总体较小，而且主要集中在某一县域，这就大大降低了金融服务的普惠性水平。

三是网点分布总体不平衡。由于目前金融机构竞争的差异性不强，因此在网点布局思路上基本雷同，即在总体经济发展好的区域开设网点，这就导致了银行、证券、保险的网点主要集中在宁波市区范围，而即使在区县（市）开设网点，也基本选择集中在城区，而从人口分布来看，宁波市区及各区域人口分布总体比较分散，这也导致了金融服务的供需差异。

（五）金融机构内部保护机制和对消费者的权益维护措施上需进一步完善

一是内部保护机制建设尚有不足。从总体上看，多数银行和保险公司在金融消费权益保护内部制度方面较为重视，建立相关的制度，成立了相关的组织并有专人或专门的部门牵头。但农信社及村镇银行、证券公司在内部保护机制建设方面尚有不足之处。金融消费权益保护虽说从长远来看对金融机构培养客户的忠诚度和美誉度有一定的帮助，但在短期内并不能为企业带来直接的经济效益。同时，从企业角度来看，金融消费权益的保护是一个长期成本投入的过程，金融机构短期内看不到该成本投入带来的回报，这就导致一些金融机构在发展中选择重视业务发展而忽略金融消费权益的保护。

二是金融机构在金融消费权益保护的具体措施上，仍存在一些问题。如在信息披露、营业网点的自发宣传、内部员工金融消费权益知识和意识培养等方面，需要进一步提升和改善。金融机构在实际操作中往往根据自身需要进行披露，这就可能出现金融机构在信息披露中选择性披露相应内容，即披露对自身有正面宣传作用的信息，而过滤掉对自身不利的信息。

（六）监管机构监管协作有待进一步提升

随着目前交叉性金融业务的兴起，金融的行业边界被打破，单一的监管由于受到专业性等问题的限制无法应对日益复杂的金融产品和服务，但目前监管机构的协作机制尚未完全建立起来。其主要原因在于：

一是金融消费权益保护的相关概念无明确界定。目前，学术界和实务界对金融消费者的外延和金融消费权益的内涵尚无明确的界定，各金融监管机构和管理部门对金融消保的认识不统一，无法有效形成协调一致的监管。

二是目前"一行三局"层面的协作机制仍较为松散，与非金融监管机构、行业协会、消费者保护组织的协作也仍处于初级阶段。多部门的联动机制，尤其是涵盖投诉处理、消费者教育、风险提示等多方面的大金融领域消费权益保护协作机制有待建立并深入推进。

三是目前监管部门在"第三方"这一角色上发挥的作用还有待提升，多元化的金融消费纠纷解决机制尚未形成。一方面，各监管机构处理金融消费投诉仍处于相对独立状态，缺少相互沟通与协作；另一方面，目前的调解仍以行政调解为主，缺少更能体现客观、公正特点的第三方调解机制。

（七）社会环境综合发展不平衡

不同的地区由于地域及历史的原因会造成地方诚信基础存在差异。地方媒体的宣传和监督、决策者在政策制定和实施方面存在重视和关注程度的差别，也造成了区域间的差异。

一是在金融消费权益保护领域，处于第三方的社会监督意识不强。媒体、人大、政协，是能够代表民意、反映民意，同时又能够确保客观公正立场的两个重要的第三方渠道。金融机构和金融消费者是市场主体，是金融消费权益保护的当事人，其立场容易受到自身利益影响。

二是相关政府部门和金融监管部门的引导工作尚需要进一步加强。由于信息不对称的存在，加上金融监管机构在监管中存在监督成本问题，在引导金融机构加强金融消费权益保护方面可能存在不到位的地方。而借助既能够代表民意，又站在客观公正立场上的第三方监督者的参与，能够形成一种有效的制约机制，来促使金融机构加强自律，帮助金融消费者合法、合理维权，并与金融监管形成良好的互补。

五、政策建议

（一）源头抓起，多方参与，合力提升金融消费者的金融素养

从评估结果来看，金融消费者的总体水平是四个要素中分数最低的，因此，系统提升消费者的金融能力，培养他们的风险意识与自我保护意识，是当务之急，而这需要多方参与，共同投身到金融消费者教育工作中去。

首先，应将金融消费者教育纳入国民教育体系。近年来，各国普遍认识到，个人金融素养已成为影响家庭及社会福祉的一项基本素养。将金融教育作为金融消费者保护的重要战略之一，并致力于提升其效率与长效性，成为各国共同的努力方向。2012年，OECD（经合组织）发布的《金融教育国家战略高级原则》就是为此而设置的指导原则，其中提到，金融教育应被列入学校教育。在我国，关于金融知识的教育在学校教育中是缺失的，这不利于公众金融知识与金融技能的培育，并进而影响到其金融态度的养成。从教育抓源头的角度出发，金融消费者教育应当被纳入国民教育体系当中，在小学、初中、高中、大学均开设定期的金融教育课程。可由政府及教育部门搭建平台，金融监管部门和金融机构提供智力与人才支持，从娃娃抓起，提升民众对金融的认识，帮助他们增强维护自身合法权益的能力。

其次，需要多方参与金融消费者教育工作。应构建政府、监管部门、金融机构、社会多方参与的金融消费者教育体系。政府负责搭建平台，提供物力、财力以及政策上的支持。监管部门负责制定规划，提供智力支持，进行人才队伍建设，开展相应的指导、检查与督促。而作为站在与金融消费者面对面第一线的金融机构，则有能力、有优势，也有责任承担起金融消费者教育的责任，并将教育的开展融入到日常业务与营销活动当中，一方面有效发挥网点及一线业务人员的作用，另一方面充分利用网站、短信、微信平台等渠道，加大金融知识宣传的力度与覆盖广度，同时定期开展针对不同受众的金融知识宣传活动，以群众喜闻乐见的形式，将金融知识送到社区、农村、学校等基层，主动发扬金融的社会公益性。此

外，各类媒体、社会组织也应在金融消费者教育中发挥积极的作用。

（二）搭建组织制度框架，强化业务流程嵌入，提升金融机构金融消费权益保护能力

作为金融消费权益保护的主体之一，金融机构应充分认识到，金融消费权益保护是增强核心竞争力的契机与必由之路，在提升金融服务普惠性的基础上，要主动保护金融消费权益，积极履行社会责任，树立良好的品牌与口碑。

首先是建立起完善的内部工作制度与组织框架。金融机构要从制度建设、组织建设、投诉处理、金融消费者教育四个方面全面推进金融消费权益保护，搭建完备的工作框架，制度上做到有"规"可依，有"章"可循。组织上做到"一把手"亲自关心、参与，金融消费权益保护具体部门和岗位职责清晰、考核有效。投诉处理上做到机制完善、流程明晰，确保金融消费者的合法权益，提升金融消费者保护自身合法权益的能力与意识。

其次是将金融消费权益保护的要求系统深入地嵌入到业务流程中。金融消费权益保护工作的关键在于是否能在具体业务经营中体现相关理念与要求。金融机构要摒弃金融消费权益保护就是客户投诉处理的片面认识，改变将大量资源集中于应对客户投诉的模式，形成金融消费权益保护贯穿于整个金融业务流程的体系化认知。在此基础上，从产品与服务设计、格式合同拟定、营销宣传、发售、售后、投诉处理等各个环节入手，分析可能出现的会侵害消费者权益的缺口与隐患，嵌入相应的金融消费权益保护要求，并具体化到单个产品与服务，从而使金融消费权益保护的关口从事后的投诉处理前移至事中和事前，在源头与过程中排除可能会侵害金融消费权益的各种问题。

（三）加强部门联动，引入"第三方"力量，形成多层次金融消费权益保护体系

目前，在"分业监管"的总体格局下，各金融监管部门在金融消费权益保护方面均有相关的制度、组织与工作措施，但在监管的协同性与联动性上仍需进一步提升，监管重复、监管真空现象也仍然存在。因此，需要

进一步提升和落实部门间的协调联动，同时适时引入"第三方"力量，以形成与监管的良好互补。

首先，需要建立多部门的监管联动机制。在"一行三局"层面，需要对已有的监管协作机制加以完善，进一步强化在金融消费者教育、投诉处理、风险提示、信息共享等方面的协调与协作，在此基础上，进一步推动各项协作机制在实质上的落地，从而真正建立起共同维护金融消费权益的合力。与此同时，还应将地方金融办、公安、司法、市场监督等相关部门及行业协会等纳入到监管联动体系中来，建立起"一行三局"深入参与，金融办、消保委、市场监督部门、司法机关、公安机关以及人大、政协积极配合的多部门联动机制，通过各方职责的有机整合与履行，形成一张对金融消费权益的强有力的保护网。

其次，需要建立多元化的纠纷解决机制。从金融纠纷调解所需的客观性、公正性要求出发，在现有的自行调解、行政调解、仲裁、诉讼等渠道之外，还应引入"第三方"的角色，从而建立起更加多元化的纠纷解决机制。这里的"第三方"可以是行业协会，也可以是专门的金融消保组织。其应能体现专业性、独立性、客观性与公正性，能够凭借完备的制度保障，流畅的运作机制，强大的金融、法律人才队伍，为消费者提供便捷、高效、低成本的纠纷调解服务。而这类"第三方"的发展与壮大，需要政府的法律援助，以及监管部门的支持与指导，多方努力，形成以和解调解为主、诉讼仲裁为辅的多层次纠纷解决机制。

（四）对接社会诚信体系，全面发掘社会力量，不断优化金融消费权益保护的社会环境

社会环境的改善依靠的是社会诚信度的提升与社会监督力量的强大。在这方面，需要政府、监管部门、金融机构、社会组织、基层行政组织，以及媒体等发挥各自的作用，共同促进金融消费权益保护社会环境的优化。

首先是将金融消费权益保护与社会诚信体系建设结合起来。在评估中，地区诚信度作为评判社会环境优劣的一个重要因素，影响着一个地区的金融消费权益保护环境。金融机构与金融消费者在金融纠纷中的行为实际上是其诚信度的一个反映，如将这些基础数据纳入社会诚信体系，

对于推动金融机构合法合规经营，促进金融消费者合法合理维权，具有十分重要的意义。

其次是有效引入社会及基层行政组织。上述提到的金融消费者教育、多元化纠纷解决机制等，都离不开社会及基层行政组织的参与。前者主要指一些行业自律组织、消费者权益保护组织等，后者主要是指居委会、村委会等基层组织。这两类机构既贴近基层、贴近群众，又能够与政府部门、监管部门保持紧密联系，因此，能够有效承担起金融消费权益保护监督、金融知识宣传教育、金融纠纷调解等方面的职责，是在对社会环境的改善中可以发挥积极作用的新兴力量。

最后是积极调动媒体的能量。随着媒体影响力和渗透力的扩大，媒体监督日益成为金融消费权益保护的一股重要力量。一方面，政府、监管部门和金融机构要善于利用新闻媒体的力量，尤其是充分发掘网络、微博、微信等新媒体渠道，借助其覆盖面广、传播效率快、影响力大的特点，加大对金融消费者的宣传教育；另一方面，新闻媒体也应主动承担起新闻监督的职责，加强对金融消费权益保护领域的关注，同时不断增强报道的深度与专业性，通过正面宣传与负面批评，帮助监管部门更好地履行监管职责，金融机构更好地提升经营管理水平，金融消费者更好地维护自身合法权益。

第五章

2015 年宁波地区金融消费权益保护环境评估报告

一、评估总体思路

为确保评估工作的可持续性和评估结果的可比性，2015年的环境评估基本延续了2014年的评估思路、评估框架和评估方法。评估仍从影响金融消费权益保护环境的金融消费者、金融机构、监管机构、社会环境四个维度入手设计评估指标，构建以"三类主体、一个基础"为基本框架的评估指标体系，采用层次分析法，对2014年度宁波市金融消费权益保护环境进行评估。通过评估，全面了解2014年本区域金融消费权益保护的整体情况和各维度在整体环境构建中的贡献、一年来的进步、存在的问题及其原因等，并有针对性地提出改进建议。

二、评估过程说明

（一）指标赋权

在不改变整体的评估思路、框架与方法的基础上，基于2014年实际环境情况的改变，同时结合上一轮环境评估中所总结的经验，本次评估对涉及金融机构和社会环境的个别指标层指标做了调整，并邀请专家人员对调整后的指标重新进行了赋权，得出了新的指标权重。

（二）赋权结果

本次评估的指标体系及权重情况如表5-1所示。

表 5-1　金融消费权益保护环境评估指标体系（2015年）

目标层		准则层		指标层		
指标名称	级内权重	指标名称	级内权重	指标名称	级内权重	总权重
金融消费者	0.268	金融知识	0.363	基础金融知识水平	0.37	0.0360
				消费权益知识水平	0.63	0.0613
		金融技能	0.238	个人金融管理能力	0.45	0.0288
				消费权益保护能力	0.55	0.0352
		金融态度	0.399	金融水平提升积极度	0.43	0.0460
				消费权益保护主动性	0.57	0.0610

目标层		准则层		指标层		总权重
指标名称	级内权重	指标名称	级内权重	指标名称	级内权重	
金融机构	0.218	金融服务普惠性	0.304	营业网点服务满足率	0.217	0.0143
				自助设备常用业务覆盖率	0.131	0.0087
				网上银行常用业务覆盖率	0.155	0.0102
				手机银行常用业务覆盖率	0.15	0.0099
				POS机交易需求满足率	0.225	0.0149
				从业人员服务满足率	0.122	0.0081
		内部保护机制	0.218	内部保护制度建设	0.138	0.0065
				内部保护组织建设	0.092	0.0044
				主要领导参与率	0.281	0.0134
				实施部门指定情况	0.156	0.0074
				投诉处理流程完备性	0.148	0.0070
				投诉办结率	0.185	0.0088
		消费者权益保护措施	0.478	交易安全保障	0.203	0.0212
				人身安全保护	0.261	0.0272
				风险提示合规率	0.08	0.0083
				信息披露达成率	0.087	0.0091
				不规范营销处罚制度	0.073	0.0076
				收费信息及投诉电话公示	0.044	0.0046
				自发宣传网点覆盖率	0.037	0.0039
				个人信息安全保护	0.153	0.0159
				权益保护内部培训覆盖率	0.062	0.0064

目标层		准则层		指标层		总权重
指标名称	级内权重	指标名称	级内权重	指标名称	级内权重	
监管机构	0.36	制度环境	0.313	人行保护制度完备性	0.301	0.0339
				"三局"保护制度完备性	0.225	0.0254
				地方机关保护制度完备性	0.143	0.0161
				行业协会保护制度完备性	0.104	0.0117
				检查涉及权益覆盖率	0.227	0.0256
		组织环境	0.113	相关单位保护组织成立情况	0.252	0.0103
				相关单位权益保护消保工作人员配备情况	0.187	0.0076
				行业权益保护组织成立情况	0.155	0.0063
				司法机关专门审判机制建设情况	0.406	0.0165
		金融消费纠纷解决机制	0.332	第三方纠纷解决机制建立情况	0.439	0.0525
				监管机关投诉电话开通情况	0.22	0.0263
				区域保护协调机制建设情况	0.341	0.0408
		金融消费投诉处理	0.242	年金融消费纠纷投诉调解结案率	0.5	0.0436
				管理部门投诉处理满意率	0.5	0.0436

目标层		准则层		指标层		
指标名称	级内权重	指标名称	级内权重	指标名称	级内权重	总权重
社会环境	0.154	地区诚信度	0.5	金融犯罪案件情况	0.267	0.0206
				金融机构违规经营情况	0.285	0.0219
				地区假币浓度	0.155	0.0118
				主要个人贷款违约情况	0.142	0.0108
				个人信用档案建档率	0.151	0.0116
		社会监督	0.5	本地媒体金融消费权益保护监督报道情况	0.5	0.0385
				金融消费权益保护提案及建议情况	0.5	0.0385

（三）数据来源

课题组在数据的采集和验证上做了进一步改善，评估所需数据主要通过金融消费者问卷调查、金融机构数据调研、监管部门数据调研等几个渠道获得。与2014年相比，主要的改进体现在：

第一，在对金融消费者进行问卷调查时拓宽了调查的渠道和方式，从单一的由人民银行县支行和金融机构向消费者发放、回收问卷，到人民银行县支行和金融机构发放、回收纸质问卷与通过网络论坛和微信公众平台发放、回收电子问卷相结合，在保证各区域发放问卷量的同时，拓宽了问卷调查的受众人群，使得样本层次更丰富、更科学。

第二，对于来自金融机构的调研数据，以往直接采纳由其所填报的数据，2015年对该部分数据进行了更为严格的验证，通过2014年人民银行宁波市中心支行对金融机构的年度综合评价结果、金融消费权益保护机构评估中发现的问题、各类投诉渠道所反映的情况，以及其他监管部门提供的信息等来对金融机构填报数据的真实性进行对比验证，提取出更为真实、有效、可用的数据用于评估。

第三，监管部门和社会环境维度的调研数据来源更加丰富，利用2015年初刚成立的宁波市金融消费权益保护工作联席会议，由仅向辖内市、县两级监管部门发放调研函到更多地动用联席会议成员单位的力量来获得需要的数据，将涉及金融消费权益保护的所有信息和线索进行有力整合，更便于全面地掌握金融消费权益保护监管环节中的亮点与问题。

三、评估结果分析

（一）整体情况分析

1.2014年度宁波市金融消费权益保护环境总体较好，较2013年度有所进步

从评估结果来看，2014年度，宁波市的金融消费权益保护环境总体情况较好，得分为79.1分，较2013年度的71.1分有所进步，显示出向好的趋势（见图5-1）。

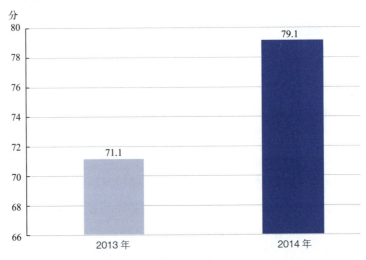

图5-1　2013—2014年度宁波市金融消保环境总体得分

一是分区域来看，宁波市区环境仍然要优于宁波县域环境，而各县域地区的得分则基本趋于均衡。宁波市区、开发区、慈溪市、宁海县、余姚市、奉化市、象山县得分分别为84.5分、81.2分、78.3分、77.9分、77.8分、77.7分和76.3分。

二是分行业来看，银行业金融机构表现较好，银行业、证券业、保险业的得分分别为86.2分、82.9分和58.1分，这可能也与银行业金融机构在宁波的发展程度，以及与消费者的接触面的影响有关。

2.四个维度中，金融机构和监管机构的水平要好于金融消费者和社会环境水平

从指标体系中的"三大主体、一个基础"来看，金融机构与监管机构表现较为突出，其中监管机构进步最为明显，金融消费者金融能力和社会环境得分相对较低，其中金融消费者的金融能力比2013年度有所提升。2014年度金融消费者、金融机构、监管机构、社会环境四个维度的得分分别为59.3分、86.0分、93.7分和70.2分，而2013年度四个维度的得分分别为55.7分、79.9分、76.5分和72.7分（见图5-2）。

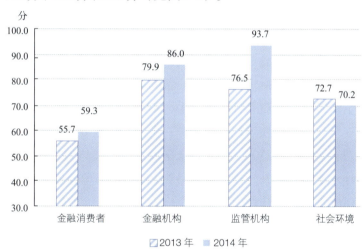

图5-2　2013—2014年度金融消保环境评估维度情况

具体来看，两年情况对比体现出以下几个特点：

一是金融消费者主动学习金融知识及采取合法手段进行金融消费维权的意识在增强。2014年度金融消费者的得分达到59.3分，略高于2013年的55.7分，这个分数反映出金融消费者的金融能力在2014年得到了一定的提升，但金融消费者的金融能力仍有待提高，金融消费者教育与消费者自身能力建设仍有待加强。在构成金融消费者金融能力的三个指标中，金融知识、金融技能和金融态度的得分都较2013年度有所提高，其中金融态度虽然得分低于其他两项指标，但增长最为明显，

较2013年提高了将近7分。这反映出随着金融业的不断发展、金融消费者教育的不断加强，消费者在金融知识的储备和金融技能的提升方面都有所进步，其主动学习金融知识的意愿，以及遇到金融消费纠纷时采取合法合理的手段进行维权的意识也在增强，这些因素共同促成了金融消费者金融能力的有效提升，带来了金融消费权益保护环境的优化。

二是金融机构的金融消费权益保护意识与能力都上了一个台阶。从金融机构维度来看，2014年度金融机构金融消费权益保护总体得分为86.0分，较2013年度的79.9分高了6.1分，说明金融机构对于金融消费权益保护工作的认识、采取的措施以及取得的成效都上了一个台阶。

在构成金融机构金融消费权益保护工作水平的三项指标中，金融服务普惠性、内部保护机制建设、消费者权益保护措施的得分均较2013年度有所提升。这说明2014年金融机构不论在金融消费权益保护的制度建设与组织搭建上，还是在对消费者各项权益的保护上，都采取了积极的举措，取得了积极的进步，包括建立了更为完善的制度体系；搭建了更有利于工作开展的组织架构；从业务各环节入手，加大对金融消费者知情权、公平交易权、安全权、隐私权等权益的保护；更加积极地处理金融消费者投诉，维护消费者的合法权益等。同时，金融业务的发展与创新也使得金融服务的普惠性水平不断提升。这些因素最终全面提高了金融机构对金融消费权益保护环境的正向作用（见图5-3）。

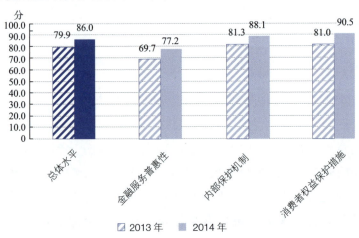

图5-3　2013—2014年度金融机构准则层指标对比

三是监管机构进步明显，监管及协作有效加强。从监管机构维度来看，2014年度，监管机构金融消费权益保护总体得分为93.7分，较2013年的76.5分有了17.2分的提高，是四个维度中进步最为明显的，说明相较于2013年度，2014年监管机构的作用得到了更为有效的发挥。

在构成监管机构的四项指标中，制度环境建设得分为96.4分，比2013年度提高了11.3分；组织环境建设得分为97.1分，比2013年度提高了28.1分；金融消费纠纷解决机制得分为85.4分，比2013年度提高了31.7分。2014年度的监管机构各项指标均较2013年度有了较大幅度的提升，其中进步最为明显的是金融消费纠纷解决机制，主要得益于监管机构在银行、证券、保险各领域积极探索第三方金融消费纠纷调解模式和专业仲裁模式所取得的成果。不论是金融消费权益保护协会所探索的第三方纠纷解决模式，还是证券领域建立的证券期货仲裁中心，都进一步丰富了消费者与金融机构解决纠纷的渠道与手段，提升了金融消费纠纷解决的专业性与高效性。组织环境建设的提升，一方面得益于2014年监管机构在监管联动方面的积极行动，另一方面也得益于宁波市金融消费权益保护协会这一第三方专业平台的建立（见图5-4）。

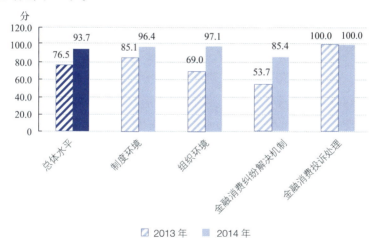

图5-4 2013—2014年度监管机构准则层指标对比

四是社会环境中社会信用体系和诚信文化建设应予以加强。从社会环境维度来看，2014年度金融消费权益保护社会环境总体得分为70.2分，和2013年度相比略有下降，说明社会环境对金融消费权益保护环境的影响需要引起更多的重视。从构成社会环境的两个指标来看，地区诚信度情况略有下降，而社会监督情况基本不变。这说明社会环境指标的弱化中，地区诚信度的减弱是主要影响因素。实体经济下行期，区域经济转型升级和金融生态环境建设的压力均有所增大，此时社会信用体系和诚信文化的建设尤为重要，否则将构成恶性循环，进一步影响区域金融秩序与生态环境（见图5-5）。

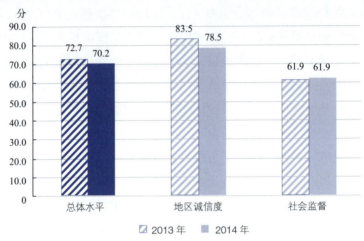

图5-5　2013—2014年度社会环境准则层指标对比

　　五是各区域金融消费权益保护整体环境均有明显进步。分区域来看，2014年度，市区表现依旧较好，达到了84.5分，比2013年度的77.6分有了较大进步。在县域地区中，慈溪市和奉化市的金融消费权益保护环境得分提升幅度最大，体现了这两个地区一年来在金融消费权益保护方面的显著进步。其余各县域地区在金融消费权益保护环境整体水平上均有一定提升，且提升幅度差别不大。总体上，各区域在金融消费权益保护工作上都付出了极大的努力，在当地消费者、金融机构和监管机构的共同努力下，金融消费权益保护环境有了明显的优化（见图5-6）。

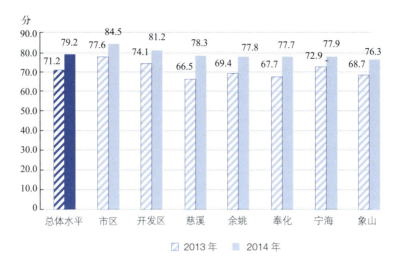

图5-6　2013—2014年度各区域金融消保环境整体水平对比

（二）金融消费者情况分析

1.金融消费者的金融能力整体较弱

通过对下发给金融消费者的3500份有效问卷进行量化分析发现，2014年度，宁波市金融消费者的金融能力总体水平为59.3分，相较于其他三个维度金融机构、监管机构和社会环境而言，整体水平较弱。

2.准则层指标分析：消费者的金融技能水平较高，金融态度则有待提升

就影响金融消费者金融能力的3个准则层指标——金融知识、金融技能和金融态度来看，2014年度宁波市金融消费者的金融技能水平最高，得分为62.2分；金融知识水平次之，为60.1分；金融态度水平最低，为56.8分，得分在总体水平之下。总体来看，消费者的金融态度不及金融技能与知识水平，这一点值得关注（见图5-7）。

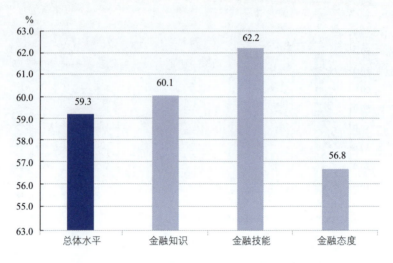

图5-7　2014年度金融消费者金融能力影响因素分析

3.指标层指标分析：个人金融管理能力较高是金融技能水平较高的主要原因，消费者对自身权益的认识要好于对基础金融知识的掌握，但提升个人金融水平与维护自身权益的主动性都较差

从分别影响消费者金融知识、金融技能、金融态度的6个指标层指标来看，在金融知识方面，消费者的消费权益保护知识水平得分为63.1分，比金融基础知识水平（54.8分）要高出8.3分，可见，消费者对自身权益的了解程度要高于对金融基础知识的熟识度。在金融技能方面，个人金融管理能力得分为69.2分，是6个指标中得分最高的，比消费权益保护能力高出12.7分，可见消费者比较擅长管理自身或家庭的金融资源，但在以正确合理的渠道、方式维护自身权益方面，能力则要逊于管理金融资源的能力。在金融态度方面，两项指标——金融水平提升积极度和消费权益保护主动性表现都较差，说明消费者缺乏足够的积极性来投入时间、精力学习金融知识、提升金融能力和维护自身权益（见图5-8）。

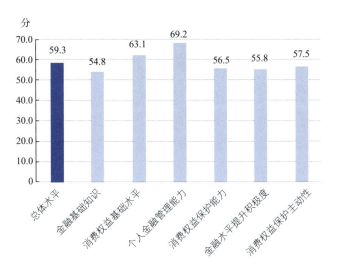

图5-8　2014年度金融消费者金融能力具体指标分析

4.行业对比：消费者在银行、证券领域表现出的金融能力要高于保险领域

根据对调查问卷的分析，得出消费者在银行、证券和保险领域表现出的金融能力得分分别为61.5分、62.3分和50.2分。消费者在银行和证券领域表现出的金融能力比保险领域要高，这可能和消费者与这几类金融机构、金融业务的日常接触紧密度有关（见图5-9）。

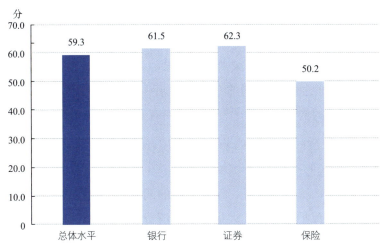

图5-9　2014年度金融消费者金融能力行业分析

5.区域对比：金融消费者的金融能力存在较为明显的城乡差距

从各区域对比来看，2014年度市区金融消费者的金融能力达到70.3分，而其他6个地区（均为县域地区）金融消费者的金融能力得分均在60分以下，其中较高的奉化市也只有58.9分。可以看出，金融消费者的金融能力在市区与县域之间存在较为明显的差距，而在县域地区之间差距则不是很大，这与城乡之间在金融服务深度与广度、金融教育覆盖面等方面的差距不无关系（见图5-10）。

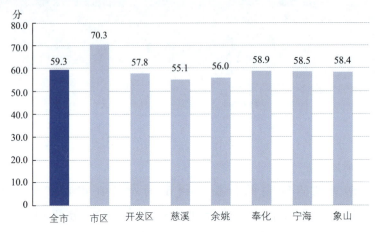

图5-10　2014年度金融消费者金融能力区域分析

（三）金融机构情况分析

1.金融机构整体情况良好

2014年度金融机构的金融消费权益保护总体情况较好，得分为86.0分，分数在4个准则层指标中排在监管机构之后，说明金融机构在区域金融消费权益保护环境的构建中发挥了较为积极而有效的作用。

2.准则层指标分析：消费者权益保护措施和内部保护机制建设情况较好，金融服务普惠性仍有待提高

通过对辖内银行、证券、保险机构的调查与评估发现，影响金融机构金融消费权益保护水平的三大指标中，消费者权益保护措施的得分水平最高，为90.5分；内部保护机制次之，为88.1分；金融服务普惠性水平仍然较低，仅为77.2分，很大程度上拉低了金融机构的整体金融消费权益保护水平。这说明金融机构在金融消费权益保护方面的基础工作已较为扎实，而

在金融服务的普惠性方面仍有待提高（见图5-11）。

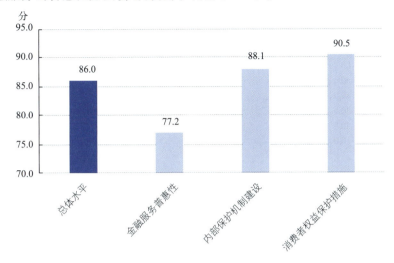

图5-11 2014年度金融机构金融消保影响因素分析

3.金融服务普惠性的指标层指标分析：电子银行等新技术应用较为普遍，传统服务渠道满足率相对较低

2014年度金融机构的金融服务普惠性总体得分为77.2分。从构成金融服务普惠性的6项指标来看，网上银行常用业务覆盖率最高，为92.7分；其次为从业人员服务满足率、自助设备常用业务覆盖率、手机银行常用业务覆盖率和POS机交易需求满足率，得分分别为80.1分、78.3分、74.3分和73.3分；营业网点服务满足率最低，仅为70.1分。这一方面说明在电子银行、移动金融等新技术手段运用上，宁波的金融机构走在了前列；另一方面也反映出在传统的服务渠道和手段方面，尚不能很好地满足消费者的实际需求（见图5-12）。

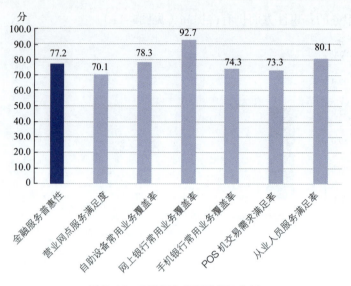

图 5-12　金融服务普惠性指标分析

4.内部保护机制的指标层指标分析：制度与组织建设较为成熟，投诉处理工作运行良好

从评估结果来看，随着近年来监管机构工作力度的不断加大、金融机构自身对金融消费权益保护工作的不断重视，宁波辖内金融机构的内部保护机制建设已比较完善，得分为88.1分，且构成内部保护机制的几个指标层指标得分均在80分以上。其中，金融机构投诉办结率和投诉处理流程完备性表现最好，分别为98.8分和90.5分。作为金融消费权益保护工作中最为基础的工作之一，金融消费者投诉处理已成为金融机构的一项重要工作，大部分金融机构都已建立了完善的投诉处理制度与流程，落实了专职部门与人员来从事此项工作，从而能有效地处理和解决与金融消费者之间的争议，维护消费者的合法权益。此外，金融机构的内部保护制度与组织体系建设也已较为成熟，为金融消费权益保护工作的顺利开展奠定了扎实的基础，提供了有效的保障（见图5-13）。

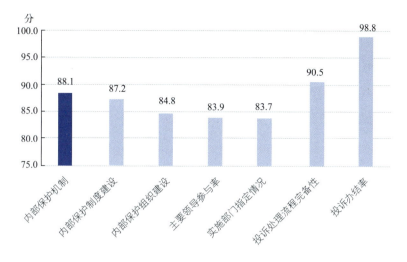

图5-13　2014年度内部保护机制指标分析

5.消费者权益保护措施的指标层指标分析：安全权与知情权保护基础较好，受教育权保护尚有待加强

目前，除了金融服务普惠性所代表的发展权以外，金融消费者拥有安全权、知情权、选择权、公平交易权、受教育权、隐私权、监督权等七大权益。对应这七大权益，本次评估从交易安全保障、人身安全保护、风险提示合规率、信息披露达成率、不规范营销处罚制度、收费信息和投诉电话公示情况、自发宣传网点覆盖率、个人信息安全保护、权益保护内部培训覆盖率等9个指标来考察金融机构的消费者权益保护措施实施情况。从评估结果来看，金融机构总体表现较好，消费者权益保护措施得分达到90.49分。其中，交易安全保障、人身安全保护、风险提示合规率、收费信息及投诉电话公示4项指标得分都在90分以上，说明金融机构在消费者的安全权、知情权保护方面已有了较好的基础，建立了基本的工作保障机制。在不规范营销处罚制度、自发宣传网点覆盖率、权益保护内部培训覆盖率等方面，金融机构虽大多已建立起相关制度，但在制度执行过程中尚存在一定不到位的地方。除部分金融机构将金融消费权益作为从业人员的必修培训课程外，不少金融机构仍缺少对从业人员的金融消费权益保护专业培训，对消费者的教育也容易流于形式而不注重效果，不利于对消费者受教育权的保护。

6. 行业对比：银行业金融机构表现最好，证券业金融机构次之，保险业金融机构相对偏低

从不同行业金融机构在金融消费权益保护方面的综合表现来看，银行业金融机构表现最好，其整体得分达到86.2分，证券业金融机构为82.9分，保险业金融机构得分较低，为58.1分（见图5-14）。

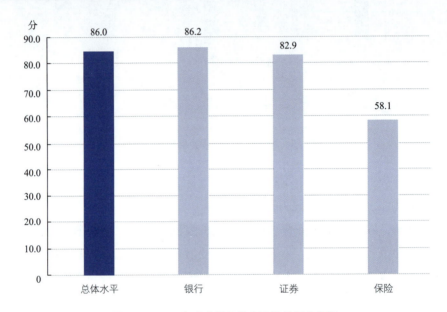

图5-14　2014年度金融机构金融消保行业分析

具体到各准则层指标，在内部保护机制建设方面，证券业金融机构内部保护机制建设最好，为94.9分；银行业和保险业金融机构得分分别为87.3分和78.7分。总体看来，宁波市金融机构的内部保护机制建设成果较为显著（见图5-15）。

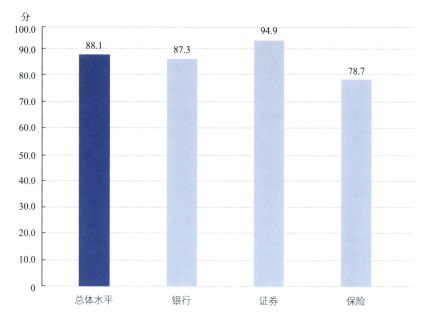

图5-15　2014年度金融机构内部保护机制建设情况行业分析

在消费者权益保护措施方面，银行业金融机构总体得分为93.1分，表现最好，在风险提示、信息披露、收费信息及投诉电话公示、自发宣传网点覆盖情况、个人信息安全保护等方面得分均好于证券业和保险业金融机构，证券业和保险业金融机构的得分分别为79.8分和67.8分（见图5-16）。

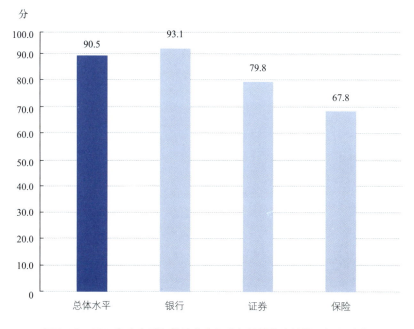

图5-16　2014年度金融机构消费者权益保护措施实施情况行业对比

7.区域对比：金融机构金融消费权益保护情况表现最好的为市区和奉化市，其他区域差别不大

从各区域金融机构的金融消费权益保护得分来看，市区和奉化市的金融机构表现最好，分别达到了88.2分和87.7分，其他区域得分也均在80分以上，总体来看较为均衡，城乡差距不大（见图5-17）。

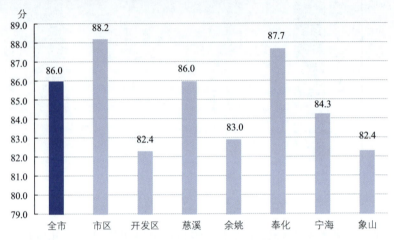

图5-17　2014年度金融机构金融消费权益保护整体水平区域对比

具体到各准则层指标，在金融服务普惠性方面，市区金融机构要明显好于县域金融机构，这在一定程度上反映出了城乡在普惠金融发展方面的差距，也反映出了农村地区在金融服务方面的不足（见图5-18）。

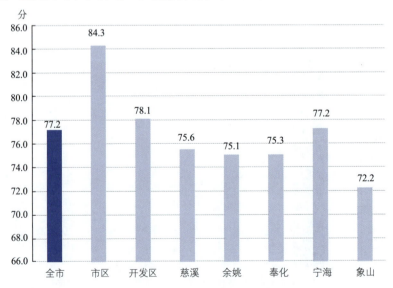

图5-18　2014年度金融机构金融服务普惠性水平区域对比

在内部保护机制建设方面，一方面市区和县域地区存在差距，另一方面各县域地区之间也存在差距。如奉化市金融机构的内部保护机制建设就较为突出，得分与市区齐平（见图5-19）。

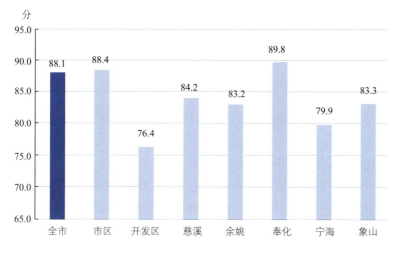

图5-19 2014年度金融机构内部保护机制区域对比

在消费者权益保护措施方面，奉化市金融机构的得分同样最高，为94.7分。总体而言，各区域金融机构的消费者权益保护措施实施情况均较为良好，得分均在85分以上（见图5-20）。

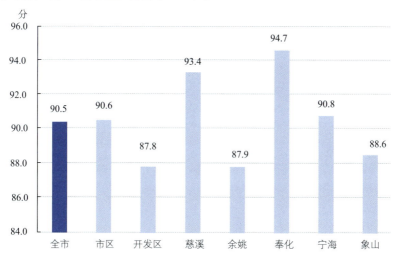

图5-20 2014年度金融机构消费者权益保护措施区域对比

（四）监管机构^①情况分析

1.监管机构整体表现最为突出

从评估结果来看，监管机构得分最高，为93.7分。2014年度，监管机构在构建金融消费权益保护环境的四个因素中表现最为突出，体现出了监管部门在金融消费权益保护领域中的良好的管理、指导作用，为金融环境的整体提升做出了积极的贡献。

2.准则层指标分析：已建立较为完善的金融消费权益保护监管制度与组织体系，投诉处理工作取得积极成效，多元化金融消费纠纷解决机制还有很大的建设空间

对构成监管机构维度的四个准则层指标进行了分析，发现表现最好的是金融消费投诉处理，显示出监管机构在应对金融消费者投诉方面已建立了较为完善的工作机制，且整体运作较为顺畅，成果较为显著；表现其次的是组织环境与制度环境，随着2011年监管机构开始启动金融消费权益保护工作以来，金融消费权益保护的监管制度建设与组织机构建设已较为成熟，为该项工作的不断推进奠定了扎实的基础。四个指标中，金融消费纠纷解决机制稍显欠缺，但得分也在85分以上。近年来，监管机构在探索多元化金融消费纠纷解决机制方面已有了一定基础，但仍处于起步阶段，未来还有许多的工作需要推进（见图5-21）。

---

① 本次评估为更确切地考察监管机构在金融消费权益保护环境建设中所发挥的作用，从广义上来加以界定，将能够对金融消费权益保护环境产生影响的部门均纳入监管机构范畴，即在人民银行、银监局、证监局、保监局这4个金融管理部门之外，将地方政府、人大、政协、法院、公安、市场监督管理等部门也纳入监管机构范围中，同时，考虑到行业协会对加强金融机构自律的作用以及消费者维权组织对消费者权益保护的影响，将银行业协会、证券期货业协会、保险行业协会、消保委、金融消费权益保护协会等部门也同时纳入监管机构范畴中。

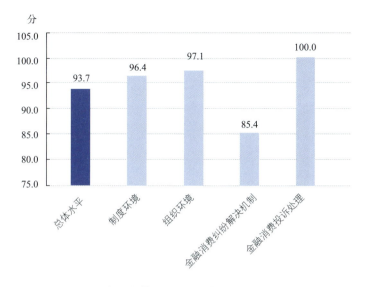

图5-21 2014年度监管机构金融消费权益保护影响因素分析

3.制度环境指标层指标分析：金融管理部门与行业自律组织制度完善，新的金融消费权益保护组织在制度建设上成效显著

评估中发现，随着各级监管机构对金融消费权益保护工作的日益重视，金融消费权益保护的监管制度体系也日益完善。"一行三局"，各银、证、保行业协会，以及2014年成立的宁波市金融消费权益保护协会都建立了相关的金融消费权益保护制度。其中，既有面向被监管机构或协会会员单位的管理制度、自律规定，也有对管理部门内部进行约束的工作制度；既有转发上级管理部门的制度，也有宁波市一级管理部门自行制定的办法、规定；既有整体的金融消费权益保护工作制度，又有针对投诉处理、消费者教育等工作环节，以及个人金融信息保护、银行卡等具体保护内容而设计的专门的制度，形成了一个覆盖银行、证券、保险、第三方支付等各金融领域的较为成熟的金融消费权益保护制度体系。地方机关的保护制度虽然不及金融管理部门那么专业和完善，但在地方政府的相关文件中，在法院、市场监督管理、消保委的相关制度中，也已对保护金融消费权益提出了要求，地方政府层面的监管制度保障也已具备了一定的基础。

同时，对制度的执行情况和对各类权益的保护情况，2014年度"一行三局"均对金融机构开展了监督检查，包括全面的综合类的执法检查、有针对性的专业类的执法检查，还包括现场和非现场评估等软性管理手段。

这些监督检查覆盖了金融消费者的所有权益，"一行三局"的监督检查涉及的权益覆盖率达到100%（见图5-22）。

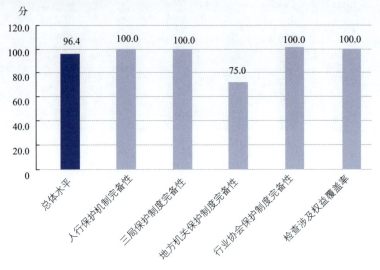

图5-22 2014年度监管机构制度建设情况分析

4.组织环境指标层指标分析：已在各个层面搭建成熟的组织体系

评估中发现，监管机构中"一行三局"作为金融管理部门，均已内设了专门的金融消费权益保护工作责任部门，建立了责任明确的领导体系，配备了一定数量的专职工作人员，以保证金融消费权益保护各项工作能够在良好的组织体系中顺利开展。市场监督管理部门设置由投诉举报中心负责受理金融消费者的投诉。公安层面，有经侦部门负责对金融消费领域的犯罪案件进行调查。司法层面，截至2014年底，江东区、鄞州区、慈溪市均已成立了金融审判庭，镇海区、北仑区、奉化市、余姚市、宁海县和象山县已成立金融审判合议庭。消保委配备有工作人员专职从事金融消费权益保护工作。各行业协会均在各自主管部门的指导下成立了保护金融消费者权益的领导小组，设置了责任部门，配备了专职人员。宁波市金融消费权益保护协会下设三个中心来分别负责金融消费纠纷处理、金融消费者教育和金融消费权益保护研究评估工作，分工更加明确、细化（见图5-23）。

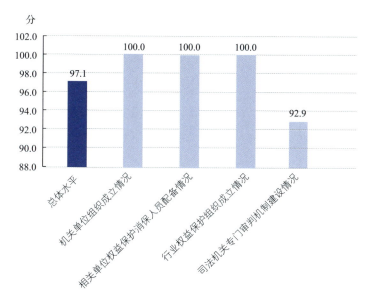

图5-23 2014年度监管机构组织建设情况分析

5.金融消费纠纷解决机制指标层指标分析：投诉处理机制已较为健全，区域保护协调机制日益完善，多元化的第三方纠纷解决机制建设还有待加强

从评估情况来看，2014年度，以"一行三局"为主，监管机构已构建起较为完善的金融消费纠纷处理机制，表现最为突出的是投诉电话开通情况和区域保护协调机制建设情况（见图5-24）。

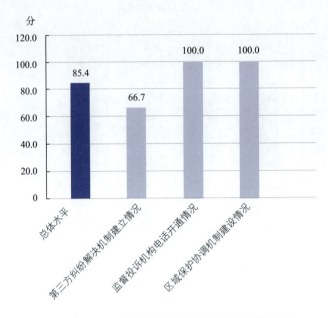

图5-24 2014年度金融消费纠纷解决机制情况分析

在投诉电话开通情况方面，截至2014年末，人民银行已开通了12363金融消费权益保护咨询投诉电话（同时作为宁波市金融消费权益保护协会的投诉受理电话），银监局设置有专门的办公电话来受理银行业消费者的投诉，证监局通过12386电话来受理证券期货业消费者的投诉，保监局开通了12378保险消费者投诉维权热线，市场监督管理部门设置有12315消费者维权热线，市政府也通过12345市长电话来受理金融消费领域的投诉和举报。这些电话均通过工作场所、网站、媒体等渠道向社会进行了公布，也都配备有相应的投诉处理流程与工作制度。监管机构按照规范流程处理金融消费者投诉，并通过相应的监督、管理措施督促金融机构及时纠正违规行为，保护了金融消费者的合法权益。

在区域保护协调机制建设方面，"三局"与各自行业协会都已建立了行业内的金融消费者保护协作机制；人民银行与消保委以会议纪要形式确立了涵盖投诉处理、案例共享等内容的合作框架；人民银行、金融办与各区县（市）政府以金融消费权益保护三方合作备忘录形式确立了金融管理部门与地方政府之间的协作框架；而依托宁波市金融消费权益保护协会的成立而建立的指导单位"一行三局"之间的协作机制，则是对2013年建立的一事一议的"一行三局"协作框架的进一步推进。

相对而言，第三方纠纷解决机制的建设情况仍有很大的提升空间。一般来说，金融消费者与金融机构发生纠纷时，可以通过与该金融机构协商解决、向该金融机构或其上级机构投诉、请求依法设立的第三方机构调解、向该金融机构所在地的金融消保机构投诉、根据与该金融机构达成的仲裁协议提请仲裁、向人民法院提起诉讼5种方式来解决。监管机构除了受理金融消费者投诉以外，还可以为金融消费者与金融机构提供调解与仲裁的平台。在银行领域，宁波市金融消费权益保护协会自成立以来就一直努力探索建立第三方金融消费纠纷调解机制。在证券领域，宁波仲裁委员会和宁波证监局已于2014年共同推动组建了宁波仲裁委员会证券期货仲裁中心。在保险领域，宁波市已经建立了保险合同纠纷人民调解委员会，该委员会曾被宁波市委市政府授予"优秀人民调解委员会"称号。但总体来看，多元化金融消费纠纷解决机制的建立，还有待更多、更深入的探索。

6.金融消费投诉处理指标层指标分析：投诉处理效率高、效果好

在监管机构完善的投诉处理机制运作下，2014年度，各监管机构共收到金融消费者投诉1100余起，其中，人民银行受理114起（其中12363开通以来受理投诉86起），银监局受理910起，证监局受理12起，保监局受理38起，消保委受理63起，均在规定时间内得到有效办结，投诉办结率和调解结案率均达到100%。抽取其中5%的投诉进行满意度调查，从被调查者的反馈情况看，对投诉处理的结果均表示满意，投诉处理满意率达到100%。总体来看，监管部门在金融消费投诉处理工作上效率较高、效果较好。

7.区域对比：整体较为均衡

总体来看，监管机构的金融消费权益保护工作水平整体较高，且各地区表现较为均衡（见图5-25）。

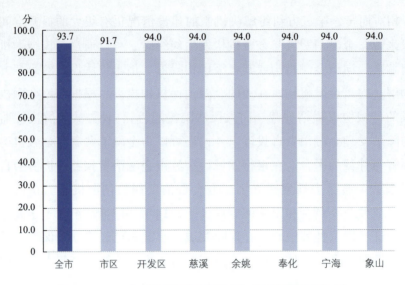

图5-25　2014年度监管部门金融消费权益保护情况区域对比

部门监管机构在县域地区并没有下辖的机构，其金融消费权益保护基本由市级的监管机构承担。同时，那些有县级分支机构的监管机构，在制度建设和组织建设方面，各县级分支机构也基本是在贯彻市级监管机构的制度和要求。除了可以明确区分区域的司法机关专门审判机制建设情况，其他的指标水平基本属于同一水平，其在金融消费权益保护方面取得的成果和存在的问题基本相似。

（五）社会环境情况分析

1.社会环境整体差于其他三个影响因素

从评估结果来看，2014年度宁波市金融消费权益保护的社会环境得分为70.2分，相比较其他3个因素，处于一个相对较低的水平。

2.准则层指标分析：社会诚信建设与社会监督力量亟须提升

影响金融消费权益保护社会环境的两个主要因素为地区诚信度和社会监督。从评估结果来看，2014年度地区诚信和社会监督的得分分别为78.5分和61.9分，地区诚信度和社会监督力量亟待提升（见图5-26）。

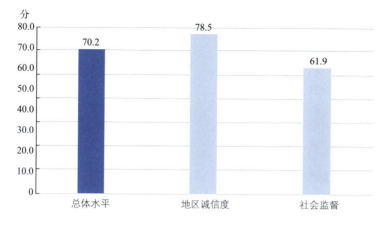

图5-26　2014年度金融消费权益保护社会环境准则层指标分析

　　3.地区诚信度指标层指标分析：受经济增长放缓和金融生态环境影响，地区诚信度及环境建设仍有较大提升空间

　　从构成地区诚信度的各指标表现来看，2014年度，地区假币浓度、主要个人贷款违约情况两项指标表现较好，得分均在95分以上，前者说明宁波地区人民币反假工作成效比较显著，而后者反映出宁波地区个人贷款的违约率较低，个人诚信度较好。金融犯罪案件情况和金融机构违规经营情况两项指标均略低于总体水平，前者与近年来宁波地区经济增长的放缓、金融风险的频发、金融生态环境建设压力的加大有一定关系，后者在一定程度上体现出随着金融机构经营压力的增大，以及2014年度监管机构检查力度的加大，金融机构在经营管理上的不合规问题更多地暴露了出来。2014年度个人信用档案建档率指标得分仅为46.7分，很大程度上拉低了地区诚信度的整体水平，信用环境体系的建设还有较大的发展空间（见图5-27）。

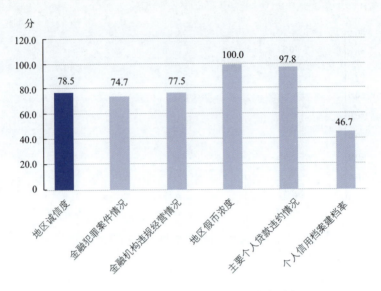

图5-27　2014年度地区诚信度指标层指标分析

4.社会监督指标层指标分析：社会各界对金融消费权益保护的关注和监督力度有待提升

从社会监督各项指标的表现来看，各类媒体对于金融消费权益保护方面的监督情况总体较好，得分为81.0分，媒体报道涵盖了纸质媒体、网络、电视广播等多个渠道，以金融知识的宣传为主，较好地满足了金融消费者的基本需求，起到了一定的媒体监督作用，但在宣传的选材和内容的延展方面还需要进一步深入。金融消费权益保护提案及建议情况得分为42.9分，很大程度上拉低了社会监督的总体得分。2014年度，在前几年的基础上，并没有更多关于金融消费权益保护的提案和建议（见图5-28）。

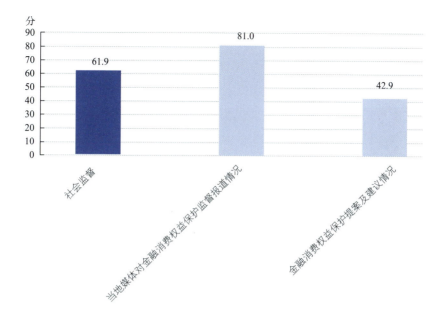

图5-28　2014年度社会监督指标层指标分析

5.区域对比：受媒体监督情况影响，地区差别较大

从社会环境指标来看，各区域存在较为明显的差异，开发区、市区在评估中表现较好，分别达到了90.1分和87.0分；慈溪市、余姚市水平相近，得分均超过了70分；奉化市和象山县需要进一步加强。分析具体指标后发现，各区域在地区诚信度上分数较为接近，得分较为均衡；而在社会监督方面则差别较大，受媒体传播渠道的多元化程度影响，市区、开发区和慈溪市的媒体监督情况要好于其他县域地区（见图5-29）。

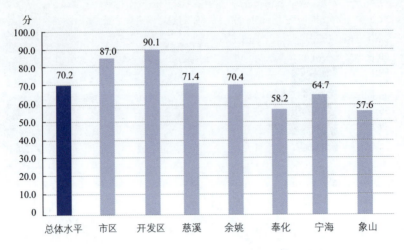

图5-29　2014年度金融消费权益保护社会环境区域对比

四、评估小结

（一）金融消费者金融能力整体水平不高，金融消费者教育工作有待改进

从金融消费者、金融机构、监管机构和社会环境四个维度的得分水平来看，金融消费者的能力水平最低（在金融知识和金融态度上表现较差），一定程度上拉低了金融消费权益保护环境的整体得分水平。金融知识上表现较差原因为：一方面，一部分金融消费者对基础的金融知识还存在理解误区；另一方面，随着金融业的不断发展，金融业态、产品和服务的不断创新以及金融基础知识的外延的不断扩大，金融产品变得越发专业和复杂。不同学历、不同文化背景、不同理解能力的消费者理解金融知识的能力存在差异。此外，从评估中发现，金融消费者的金融态度是其金融能力中最为薄弱的一个环节。金融态度表现较差表明金融消费者缺乏积极性来投入足够的时间和精力学习金融知识，提升金融能力，维护自身权益。

（二）金融服务的普惠性有待进一步增强

金融机构金融消费权益保护的三个维度中，金融服务普惠性的水平最低，仅为77.2分（消费者权益保护措施为90.5分、内部保护机制为88.1分）。但从金融服务普惠性提升的过程来看，这并不代表在金融服务没有任何的进步，只是在短期内尚未完成量变到质变的重要转化。2014年，无论是政府部门、监管机构还是金融机构本身都在努力推进金融服务的普惠性，特别是在农村地区做了不少工作，例如，指导各类金融机构优化网点布局，在分行或分公司层面设立小微金融服务管理部门，在县域或基层设立特色支行、专业服务部等专营机构；引导民间资本参与小微金融，推动成立小贷公司、村镇银行、农村资金互助社等新型小微金融机构，以及建立"微银行"等主要面向边远地区的功能型金融服务点，覆盖面超过80%的行政村等，用以帮助农村发展和农民融资等。这些工作所产生的效果和能量并不是立竿见影的，要有一个逐步适应和内化的过程，需要持续推进。

（三）社会环境呈现变差趋势，社会监督力量有待进一步强化

2014年社会环境水平呈现变差趋势，地区诚信度有所下降，主要表现在金融犯罪案件率和金融机构违规经营情况的攀升。这与2014年经济处于下行状态密不可分。金融环境恶化，民间借贷风险高企，企业资金链断裂所诱发的金融犯罪频频发生，导致了在部分县域地区金融犯罪案件多发。此外，2014年地方媒体的宣传与监督、决策者在政策制定和实施方面重视程度也有所弱化，存在较为明显的区域差异。媒体、人大和政协作为第三方的社会监督力量，其本身的影响和号召力对金融消费权益保护有着重要影响。从调研情况来看，部分县域地区的地方媒体宣传力度有所减弱，宣传渠道不够全面。同时，各区域人大政协在2014年都未有新的提案和建议。可见金融消费权益保护的社会监督力量需要进一步强化。

五、政策建议

（一）加强金融消费者教育，不断提升教育有效性

从评估结果来看，金融消费者的金融能力在三个主体一个环境中的得分是最低的，因此，提升消费者的金融能力，落实教育为本，做到差异化提升金融消费者金融素养，培养风险意识和自我保护的理念，加强

对金融知识和技能的掌握能力是迫在眉睫的，也是需要一以贯之的。首先，应进一步推进金融消费者教育纳入国民教育体系的进程。在我国，当前关于金融知识的教育在学校教育中有所缺失，不利于形成培育公众正确的金融知识与金融意识的土壤。站在长远的角度考虑，需要以教育为本，将金融消费者教育纳入国民教育体系当中，努力推进在小学、初中、高中、大学不同教育阶段开设定期的金融教育课程。2015年，根据宁波辖内现有情况，在政府及教育部门的支持下，在人民银行、金融办、金融消费权益保护协会及部分金融机构的合力推动下，"金融普惠　校园启蒙"国民金融素质教育提升工程已拉开帷幕，选择了试点学校开展金融知识课堂，通过逐步的经验积累，再推广至更多的学校。金融消费者教育不仅要从娃娃抓起，更要循序渐进，按需给予，根据不同的年龄阶段不同的金融知识，帮助公民从小树立起正确的金钱观、理财观和权益保护意识，并通过影响青少年来影响更多的家庭，从而更好地培养公众的基本金融素养。其次，应进一步提升金融消费者教育的有效性。要灵活运用各种宣传手段和渠道，如对年轻人运用微信、微博、网络等新媒体渠道，对老年人则采取更受其欢迎的方式，开发差异化的教育模式。

（二）以宁波市普惠金融综合示范区试点为契机，提升金融服务的普惠性

2014年，辖内金融机构都在努力推进金融服务的普惠性，在基础服务设施的建设、配套的政策制度、合适的服务计划等方面做了大量的工作，但这些工作所产生的效果和能量并不是立竿见影的。金融服务普惠性成效的凸显还需要经历一个由量变到质变的过程。因此，辖内金融机构应以宁波市普惠金融综合示范区试点为契机，积极融入试点，推动普惠金融工作，提升金融服务的普惠性，提高金融服务实体经济的能力。

（三）引导金融机构更好地参与到环境评估工作中来

首先是通过多种手段加强引导和规范，将金融机构对环境评估的配合度以及认真度作为对金融机构进行综合评价、监督检查、非现场评估的重要内容，明确其在环评工作中的职责，加强金融机构的参与感。其次是在评估前和评估中加强对金融机构的指导。考虑到金融机构存在的对具体指标内涵不理解，容易出现数据反馈错误的情况，计划在下一年提前组织

金融机构进行专题培训，要求金融机构明确责任人（包括领导人员和具体工作人员），围绕涉及金融机构的指标内涵、数据采集要求等进行全面深入地指导，使环境评估工作进一步成为金融机构的一项长期性工作，并建立起相对固定的工作机制。最后，金融机构各县级支行数据的采集，从前是这些支行直接向中心支行反馈，今后计划由其分行统一收集、汇总、反馈，确保数据的完整性和统一性。

（四）在已建立起部门联动框架的基础上，深化有关协调合作，有效借力"第三方"力量。

一是以国务院办公厅《关于加强金融消费权益保护工作的指导意见》为指导，结合实际工作强化多部门的联动机制，共同发挥多部门的作用和优势。当前，多部门间的联动机制框架虽已构建起来，但仍处于初级的发展阶段，有待于今后各部门各单位可以结合工作实际和自身的资源优势，提出更多宝贵和建设性的议题和想法，来共同推进金融消费权益保护这项工作。二是积极借助"第三方"力量，形成和完善多元化的纠纷解决机制。目前，多元化的金融消费纠纷解决机制尚处于起步阶段，完善和成熟还需要经历一段时间的磨砺，不仅需要各监管机构能够将各自的资源优势、信息情况予以沟通分享，而且需要作为"第三方"力量的人民调解委员会逐渐发挥其优势和能量，更好地进行金融消费纠纷化解和合法权益的保护。

（五）全面发掘社会力量，引导全社会投入金融消费权益保护工作

一是将金融消费权益保护与社会信用体系建设结合起来。金融机构与金融消费者在金融纠纷中的行为实际上是其诚信度的一个反映，如将这些基础数据纳入社会信用体系，对于推动金融机构合法合规经营，促进金融消费者合法合理维权，将产生十分重要的意义。二是有效引入社会及基层行政组织，发挥其承担起金融消费权益保护监督、金融知识宣传教育、金融纠纷调解等方面的职责。三是积极调动媒体的能量。随着媒体影响力和渗透力的扩大，媒体监督日益成为金融消费权益保护的一股重要力量。通过正面宣传与负面批评，媒体可以帮助监管部门更好地履行监管职责、金融机构更好地提升经营管理水平、金融消费者更好地维护自身合法权益。

第六章

2016 年宁波地区金融消费权益保护环境评估报告

一、评估总体思路

2016年金融消费权益环境保护评估在"三大主体"和"一个基础"的基础上，增加了从消费者角度出发的"消费者被保护综合满意度"评估体系，以及结合以上两种分析的"契合度综合分析"，具体评估思路如下。

（一）"金融消费权益保护环境评估"思路

2016年宁波市金融消费权益保护环境评估报告评估思路沿用了前两年的评估框架，主要评测方向为：（1）消费者是否有足够的金融知识与技能，是否有主动的自我保护意识。（2）金融系统（包括各金融机构与监管机构）是否有健全的保护措施、保护机制和完善的制度环境。（3）外部社会环境是否健康稳定。在具体指标体系构建过程中，课题组沿用了前几年环评指标体系的整体框架。与2015年的指标体系相比，2016年的评估指标体系在金融消费者维度中的6个指标层指标没有变化；在金融机构维度，保留了准则层指标，扩充原先的21个指标层指标，增加到29个；在监管机构维度，为避免重复，将"金融消费纠纷解决机制"和"金融消费投诉处理"两个准则层合并，指标层指标由14个变为13个；在社会环境维度，扩充了准则层指标，着重考察经济基础、法制环境、政府诚信、社会诚信文化等方面，指标层指标由7个增加到15个。

（二）"消费者被保护综合满意度评估"思路

环境评估能够较好体现金融活动主体和外部环境在金融消费权益保护方面的真实水平，客观反映了各个阶层为保护金融消费权益所做出的努力，对金融消费权益保护工作中仍然需要改进的方面以及地区之间的水平差异有较为直观的体现。随着工作的不断推进，环境评估体系已经相对完善和成熟，现阶段评估体系中相对匮乏的是对工作效果的评估。俗话说"做得多不一定代表做得好"，金融系统近年来一直努力建立的消费者保护机制、采取的措施等是否符合消费者的需要，是否对消费者的合法权益真正起到了切实有效的保护等问题同样值得关注，其对未来的工作方向具有导向性作用。因此，在评估工作中，课题组引入了经济学中"投入"与"产出"的概念来对保护金融消费权益环境建设的成果和相对效率进行综合性的评价。环境评估指标体系能够用于评价各金融主体在金融消保工作方面的投入程度。在保留原有的"投入"评估指标框架的基础上，添加了相对独立的"金融消费者被保护综合满意度"指标体系，作为评价"产出"方的评估指标，这将在有助于衡量工作投入水平的同时，对工作成效有进一步的理解。

在"综合满意度"评价指标的选取方向上，课题组认为金融消费权益保护工作的受众是金融消费者，金融消费者的切身感受，及其对当下金融消费权益保护环境的满意程度是对金融消保工作成效的直接反映。在综合满意度指标体系的设定上，课题组借用市场营销学中关于"顾客满意度"的评测理论模型，构建了以"金融消费者信任预期""金融消费者感知质量"和"金融消费者满意度"为三大维度的"金融消费权益保护综合满意度"评估指标体系。

（三）"契合度分析"思路

环境评估所建立的"环境评估"与"综合满意度评估"两套评估指标体系都旨在衡量"金融消费权益保护环境建设"这同一目标，虽然评估角度有所不同，但两套指标之间存在着内在联系。

从理论上讲，如果金融消费者对自身合法权益受保护的满意程度是结果，那么三大金融主体与外部社会环境在这方面所做的工作就是产生这一结果的原因，是"原材料"。这两套指标的结合类似于经济学中的生产模型，"投入"和"产出"的比率符合一定的生产曲线。在不同的区域或个体之间，生产曲线的形态不尽相同，决定生产过程中资源是否得到有效配置的关键是"生产效率"。在相同的生产投入量下，产出越多的生产过程被视为是更高效的，因而"生产效率"是对工作质量全面的衡量。对金融消费权益保护工作中"生产效率"的研究，可以帮助更全面地衡量工作的质量而不仅仅是数量，了解各项"投入"工作是否都符合消费者的需求，所投入的资源是否都得到了最充分的利用。同时，不同地区之间的效率差别也更能深层次地说明不同地区的工作质量差异，这比在单个指标之间进行地区之间简单的统计学对比更加科学和全面。

在"投入"和"产出"方指标评估工作分别完成之后，两方面指标层的指标会被分别作为投入和产出的变量来进行生产效率分析。在生产效率的检验方法上，课题组选用不需要模拟生产曲线函数的"数据包络分析法"（Data Envelopment Analysis，DEA），通过明确地考虑多种投入的运用和多种产出的产生，构建符合数据样本的效率前沿，从而对提供相似服务的多个决策单元（例如地区、城市等）之间的效率进行比较，对每个决策单元给予效率评分。例如，在宁波七大区县（市）之间，工作效率最高的地区将会被赋予100%的效率评分，而其他相对无效率地区与其对比，也会得到相应的评分。这些评分将有助于更全面科学地了解宁波各个区县（市）在金融消费权益保护工作中的质量和各个区域该项工作的优劣势。整体评估思路的构架如图6-1所示。

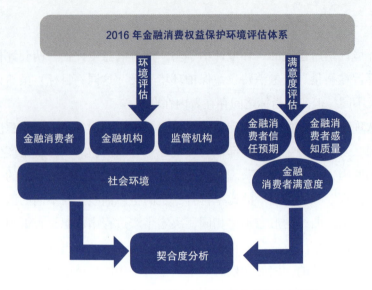

图6-1　2016年金融消费权益保护环境评估契合度分析

二、评估过程说明

（一）综合满意度指标体系理论基础与构建理念

金融消费权益保护工作的受众是金融消费者，使金融消费者的合法权益得到全面有效的保障，是开展消费者权益保护工作的核心目标。金融消费者切实感受到自己的合法权益得到了全面完善的保护，是对金融消费权益保护工作的最大肯定。综合满意度的设定以金融消费者为主体，并借用市场营销学中关于"顾客满意度"的评测理论模型以及"期望不一致"理论来作为选取"金融消费权益保护满意度"评估指标的理论依据。

"顾客满意度"这个概念最早是由美国学者Cardozo（1965）提出，后经不同学者的改进和精炼，在市场营销学中"顾客满意度"的评测已经发展成为一个比较完整的理论体系。"顾客满意度"已经成为企业营销策略的一个重要组成要素，是现代企业管理中一个衡量经营绩效水平的关键指标。在美国和瑞典等国家，其指标体系和评估模型也相对成熟。例如在美国，美国密西根大学和美国国家质量研究中心于1994年在SCSB的基础上构建的美国客户满意度指数（American Customer Satisfaction Index，ACSI）。中国顾客满意测量模型（Chinese Customer Satisfaction Index，CCSI）也于2002年获得国家科技部鉴定通过，并应用到各个行业和企业。近年来，"顾客满意度"测评更是被广泛应用于金融行业，尤其是商业银行领域，被认为是商业银行的核心竞争力。

"满意度"在学术上的定义为"一个人通过对一个产品的可感知的效果（或结果）与其期望值相比较后，所形成的愉悦或失望的感觉状态"。消费者的满意是通过一个两阶段的过程实现的：第一阶段，在金融消费者进行金融活动以前，对自身应享有的合法权益的获得程度形成"期望"。消费者在金融活动完成之后，会将在金融活动中的感知质量（即真实感受）与之前的期望进行比较，形成二者之间的"不一致"。第二阶段，消费者根据这种"不一致"的正负导向与程度做出不同等级的"满意反应"，即满意度。这一理论被称为"期望不一致理论"，也是我们进行"金融消费权益保护满意度"评测的理论基础。由于金融消费很可能是重复性的消费行为，当期的消费体验也会直接影响以后的消费预期，所以"消费者预期"与"感知质量"又是相互作用的（见图6-2）。

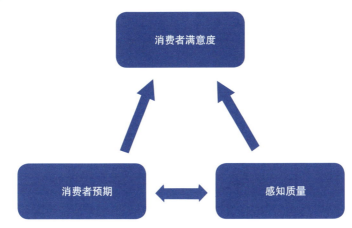

图6-2　消费者满意度形成过程示意图

以这一理论中的三个重要变量为评估目标，以"消费者预期""消费者感知质量"与"消费者满意度"为三大维度构建了"金融消费者权益被保护综合满意度"评估，并邀请专家组对其进行了指标权重设定。

（二）契合度综合分析理论基础与构建理念

在2016年的评估工作中，我们延用了前两年以"三类主体和一个基础"（包括金融消费者、金融机构、监管机构和社会环境）为组成部分的金融消费权益保护环境评估系统，并对各个主体进行了深入全面的指标评测。与此同时，为更好地了解这一环境系统是否真正为金融消费权益保护工作提供了健康、有效运行的外部基础和运行条件，我们又构建了与之联系而又相对独立的"金融消费权益被保护综合满意度"指标体系。两套指标都旨在衡量"金融消费权益保护工作"，但选取不同的衡量角度和标准，每套指标又可以单独地从各自视角反映宁波市金融消费权益保护工作的成效。

从根本上讲，金融消费权益保护工作的开展、保护环境的构建都旨在优化消费者的金融消费体验，增强金融消费的信心。在金融市场信息不对称的固有特性依然广泛存在的前提下，其最终目的是使金融消费者在能够正确理解金融投资风险并理性投资的基础上，切实感受到自己的合法权益得到应有的保护。金融消费者是这项工作的"受众"，其对自身合法权益受保护程度感到满意是对金融消费权益保护工作的最大肯定，更是各参与主体希望能够共同达成的目标。在达成目标的过程中，环境体系中"三类主体和一个基础"在这方面所采取的措施和开展的相关工作就是推动这一结果产生的原因，是"原材料"，而金融消费者的消费体验和对其权益被保护的满意程度则可以被看作是这项工作的"产品"。这两个方面的结合类似于经济学中的生产模型，即将"投入"的"原材料"转化为"产出"的最终"产品"的过程。

对于单个生产者来说，"投入"和"产出"的转化比率符合一定的生产曲线。而在不同的个体之间，由于技术与投入质量等方面的差异，其生产曲线的形态又不尽相同。在相同的生产投入量下，产出越多的生产过程被视为是更高效的，衡量其生产过程中资源是否得到有效配置的关键指标就是"契合度"（或"生产效率"）。"生产效率"被定义为实际产出与最大可能产出两者间的比率，可反映出生产者达成最大产出、预定目标或是最佳运营服务的程度。"生产效率"被广泛运用于针对经济个体在产出量、成本、收入或是利润等目标下的绩效衡量。就金融消费权益保护环境的建设来说，不同地区之间由于自然、经济、人文、社会等诸多方面的固有差异，即使遵循相同的政策法规，投入相同数量的人力、物力资源，其所能得到的结果也不会完全相同。中央政府及各监管机构制定"要做什么"的指导方针，但是"如何做"则更取决于地方基层机构的具体操作环境和实施情况。在实际工作中也并不一定是做得越多越好，相反地，采取更加具有地域针对性、切合当地实际的措施可能才是完成工作目标的更有效方法。因此，对金融消费权益保护环境构建工作"契合度"（效率）的研究，可以帮助我们更全面地衡量工作的质量而不仅仅是数量，帮助我们更深入地了解当前的环境建设是否真正切合各地区自身情况的实际需要。这种以消费者切实需求为导向的工作效率衡量理念也符合当下中央政府积极倡导的"供给侧结构性改革"的核心思想。

另外，构建健康的金融消费权益保护环境更要求"三类主体和一个基础"之间的协同合作。例如，如果消费者不提高自身的金融素养，则无论监管机构制定如何严密的金融监管政策，金融机构本身也难以将这些政策落地实施。当金融投资出现亏损时，甚至会出现金融机构迫于监管压力，被迫为消费者的无知买单而损害金融系统自身利益的情况。其结果就是监管机构与金融机构大量的人力财力投入，却并未取得金融消费者的最终满意。这样的情况不仅会加深各个参与主体之间的矛盾、阻碍工作的进一步开展，更是一种极大的社会资源浪费。因此，各个参与主体在各司其职的基础上，有效的沟通与协作也是当地工作绩效的一个重要因素。换言之，金融消费权益保护环境的构建，是一个由多个生产要素共同参与的过程。综合全生产要素的"效率"指标之间的差异也更进一步地具体说明不同地区各主体之间的协作质量差异，这比在单个指标之间进行简单的统计学对比更加科学和全面。

（三）契合度指标的评价方法

1.评测模型的选取

在契合度分析的环节，我们选用被广泛运用于绩效衡量的数据包络分析法（DEA）。DEA是一种依靠数学线性规划技术的非参数效率衡量方法。它根据一组关于投入—产出的观测值来估算所谓"最有效生产前沿"，再将每个决策单元（DMU）的产出量与之对比从而得出每个决策单元的相对有效性。DEA方法最大的特点是无须对系统的投入和产出之间的转化过程进行任何形式的生产函数假定。而在金融消费权益保护环境构建中，投入和产出的具体转化关系理论尚不甚确定，DEA法的这一特点正好能够弥补理论不足的缺陷。金融消费权益保护工作本身具有复杂性的特点，而"满意度"这样主观评价的生成也是相当抽象的心理过程，系统结构中许多维度及其具体作用的方向还都不尽为人知。要完全了解其从"投入"到"产出"的形成过程，准确地模拟出其生产曲线是相当困难的。所以，在生产效率的检验方法上，我们选用不需要模拟生产函数的DEA方法。简单地说，DEA是一种线性规划模型，在不考虑生产形成过程的前提下，表示为综合产出对综合投入的比率。通过明确地考虑多种投入的运用和多种产出的产生，构建符合数据样本的效率前沿，从而对提供相似服务的多个决策单元（例如地区、城市等）之间的效率进行比较。相似的观点在2007年被黄国平等运用在中国金融生态环境评价中。

另外一个采用DEA分析法评价地区间效率差异的重要原因是，"投入"和"产出"两套评价指标均采用层次分析法（AHP）评价技术来完成。层次分析法将复杂问题分解为多个组成因素，并将这些因素按支配关系进一步分解，使之按目标层、准则层、指标层排列起来，形成一个多目标、多层次的有序、递阶层次结构。这种方法属于目标评价决策方法，是一种居于多目标层次结构，并根据主观判断来计算一系列备选方案相对重要程度的方法，在实际操纵中具有很强的实用性和灵活性等特点。但是层次分析法并非完美，它在很大程度上依赖于人们的经验判断，主观因素的影响很大。虽然通过技术控制可以排除思维过程中的严重非一致性，却无法排除决策个人可能存在的严重主观片面性。由于DEA方法不需要预先假定生产函数和估计参数，而是仅仅依靠每个决策单元的实际观测数据、利用线性规划技术求出最优效率前沿，并由此来评估每个单元的相对效率，在很大程度上可以纠正和减少由于主观判断偏差等因素而造成的AHP方法评估误差，从而为我们提供更加客观公正的评估结果。

2.DEA模型理论及变量选取

DEA模型最早由Charnes，Cooper和Rhodes三人于1978年创立（Charnes A, et al., 1978），后以三人名字首字母命名了规模效率不变的DEA模型，即CCR模型，其得出的技术效率包含了规模效率的成分，因此也被称为综合生产基础效率。模型假设有n个决策单元参与评比，记为$DMU_j(j=1,2,\cdots,n)$；每个DMU有m种投入，记为X_i（$i=1,2,\ldots,m$）；q种产出，记为$Y_r(r=1,2,\cdots,q)$。当前要测量的DMU记为DMU_K，

则其产出导向CCR模型的对偶模型可表述为

$$Max\varphi$$

s.t.

$$\sum_{j=1}^{n} \lambda_j x_{ij} \leqslant x_{ik}$$

$$\sum_{j=1}^{n} \lambda_j y_{rj} \geqslant \varphi y_{rk}$$

$$\lambda \geqslant 0$$

该模型是在投入既定的条件下，以各项产出可以等比例增长的程度来对无效率的状况进行测量。模型的最优解为φ^*。在当前技术水平下，被评价DMU_K在不增加投入的条件下，其产出能够增长的最大比例$\varphi^* - 1$。越大，表示产出可以增长的幅度越大，而其当前生产效率也就越低。由于$\varphi^* \geqslant 1$，所以一般采用$1/\varphi^*$表示效率值，即效率值=1时说明被评价DMU处于技术有效的状态，而效率值<1说明被评价DMU为技术无效状态。其具体数值可用于对各个DMU效率状态进行排序分析。

与之前分项指标评测方式类似，本次契合度评测依然以宁波市七个区县（市）（市区、开发区、奉化市、慈溪市、余姚市、宁海县、象山县）为单位进行比较分析。为了了解全市的总体契合度水平，及其与分区县（市）的对比情况，将全市总体也作为一个和其他区县（市）同等量级的决策单元，即评测体系包括宁波市七个区县（市）和全市总体共八个决策单元，$n=8$。投入变量选取投入评估指标体系中的四个目标层指标，即以金融消费者、金融机构、监管机构和社会环境四个维度为四个生产要素，$m=4$。产出变量则是选取各个分区最终的"金融消费者满意度综合指数"，即$q=1$。具体投入和产出变量的情况见表6-1。

表 6-1　各区域投入和产出变量　　　　　　　　　　单位：%

DMU	投入变量				产出变量
维度	金融消费者	金融机构	监管机构①	社会环境	消费者总体满意指数
市区	67.49	90.16	93.86	62.75	72.66
开发区	65.90	87.40	93.86	67.98	74.17
奉化市	58.52	86.47	93.86	70.31	71.38
慈溪市	63.14	86.66	93.86	65.19	75.30
余姚市	63.40	86.84	93.86	66.46	72.79
宁海县	60.87	86.43	93.86	65.86	74.89
象山县	55.29	84.32	93.86	70.56	73.38
全市	64.43	86.61	93.86	66.06	73.51

注：由于该年度评测未能取得有关监管机构的分区数据，鉴于大部分由监管机构制定的法规政策和规章制度均适用于全部区县（市），故以全市总体指标水平填充各区县（市）指标水平值。

（四）指标赋权

在指标构建方面，根据七大原则，对"投入"和"产出"两套分项指标进行了构建。在评估方面，依然沿用层次分析法，对所有因素进行整合。

在2014年、2015年金融消费权益保护评估工作的基础上，"环境评估"指标体系以"三类主体、一个基础"为依据，三类主体分别为金融消费者、金融机构、监管机构，一个基础为社会环境，共四个维度作为一级指标。此外，我们增加了"综合满意度"评价指标用于评价金融消费权益工作的效果。通过对金融消费权益保护问题条理化、层次化的分析，我们构建了所有一级维度下的二、三级指标（见图6-3、图6-4）。

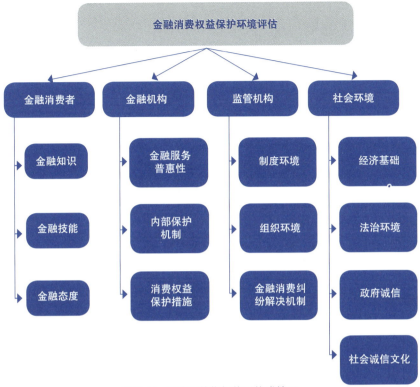

图6-3 环境评估指标体系构成情况

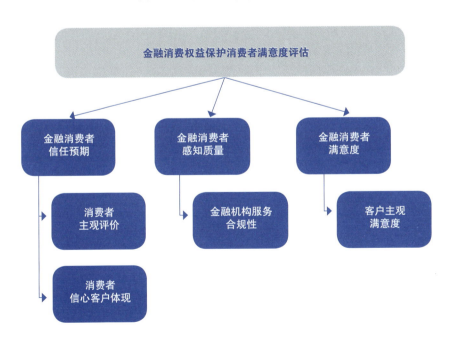

图6-4 消费者综合满意度评估指标体系构成情况

（五）赋权结果

通过AHP法对赋权结果进行分析，2016年环境评估指标体系及指标权重详见表6-2。

表 6-2　金融消费权益保护环境评估指标体系（2016年）

目标层	目标层权重	准则层	准则层权重	指标层	指标层权重	总权重
金融消费者	0.204	金融知识	0.351	基础金融知识水平	0.446	0.022
				消费权益知识水平	0.554	0.027
		金融技能	0.343	个人金融管理能力	0.426	0.027
				消费权益保护能力	0.574	0.036
		金融态度	0.306	金融水平提升积极度	0.578	0.039
				消费权益保护主动性	0.422	0.053
金融机构	0.324	金融服务普惠性	0.202	助农金融服务点业务程度	0.095	0.006
				助农金融服务点电商服务覆盖率	0.088	0.006
				营业网点服务满足率	0.149	0.010
				自助设备常用业务覆盖率	0.137	0.009
				网上银行常用业务覆盖率	0.162	0.011
				手机银行常用业务覆盖率	0.170	0.011
				快捷支付占总支付方式比重	0.122	0.008
				从业人员服务满足率	0.077	0.005
		内部保护机制	0.345	内部保护制度建设	0.114	0.013
				内部保护组织建设	0.084	0.009
				主要领导参与率	0.104	0.012
				实施部门指定情况	0.112	0.013
				投诉处理流程完备性	0.135	0.015
				投诉处理满意率	0.141	0.016
				投诉办结率	0.140	0.016
				专职人员配备率	0.171	0.019

目标层	目标层权重	准则层	准则层权重	指标层	指标层权重	总权重
金融机构	0.324	消费者权益保护措施	0.453	交易安全保障（财产安全权）	0.126	0.018
				人身安全保护	0.094	0.014
				风险提示合规率（知情权）	0.085	0.013
				客户账户维护	0.065	0.010
				信息披露达成率（知情权）	0.088	0.013
				不规范营销处罚制度（自主选择权）	0.073	0.011
				"冷静期"合同占比	0.069	0.010
				收费信息公示	0.057	0.008
				自发宣传网点覆盖率	0.061	0.009
				特殊客户群体保护	0.064	0.009
				个人信息安全保护	0.132	0.019
				投诉电话公示情况	0.045	0.007
				权益保护内部培训覆盖率	0.041	0.006
监管机构	0.284	制度环境	0.266	人行保制度完备性	0.264	0.018
				"三局"保护制度完备性	0.288	0.020
				地方机关保护制度完备性	0.187	0.012
				检查涉及权益覆盖率	0.260	0.017
		组织环境	0.3	相关单位保护组织成立情况	0.249	0.021
				相关单位权益保护工作专职人员配备情况	0.259	0.022
				行业权益保护组织成立情况	0.219	0.019
				司法机关专门审判机制建设情况	0.272	0.023

宁波市金融消费权益保护环境评估报告（2014—2017）

目标层	目标层权重	准则层	准则层权重	指标层	指标层权重	总权重
监管机构	0.284	金融消费纠纷解决机制	0.434	第三方纠纷解决机制建立情况	0.194	0.024
				监管机关投诉电话开通情况	0.189	0.023
				区域保护协调机制建设情况	0.230	0.028
				年金融消费纠纷投诉调解结案率	0.181	0.022
				管理部门投诉处理满意率	0.206	0.025
社会环境	0.188	经济基础	0.119	人均国内生产总值	0.250	0.006
				第三产业占比	0.250	0.006
				非国有经济所占份额	0.250	0.006
				金融市场发展	0.250	0.006
		法制环境	0.332	知识产权保护情况	0.500	0.031
				经济案件发生率	0.500	0.031
		政府诚信	0.248	城市财政缺口	0.250	0.012
				国有企业贷款占比	0.250	0.012
				当地城市商业银行中长期贷款占比	0.250	0.012
				政府规模	0.250	0.012
		社会诚信文化	0.301	社区诚信度	0.200	0.011
				主要个人贷款违约情况	0.200	0.011
				个人征信建档率	0.200	0.011
				企业征信建档率	0.200	0.011
				地区假币浓度	0.200	0.011

　　从专家赋权的结果来看，金融机构对金融消费权益保护环境的影响最为强烈，其赋权值是0.324。社会环境在这几个维度中的影响力相对最弱，其赋权值是0.188。与前两年相比，较为明显的差异存在于"金融机构"维度与"监管机构"维度重要性的互换。排除不同专家群体主观判断的偏差，这在一定程度上反映了在金融消费权益保护方面的主要力量已经由原本直接负责行业监管、纠纷处理的监管机构，逐步转向了直接为消费

者提供金融产品和服务的金融机构本身。与被动服从监管部门监管的做法相比，金融机构的主动自律和纠纷防范可能才是对金融消费权益保护更有效、积极的做法（见表6-3）。

表6-3　目标层指标权重年度对比

	2013 年	2014 年	2015 年
金融消费者	0.268	0.268	0.204
金融机构	0.218	0.218	0.324
监管机构	0.36	0.36	0.284
社会环境	0.154	0.154	0.188

满意度指标体系包括3个一级指标（目标层）、4个二级指标（准则层）、17个三级指标（指标层）（详见表6-4）。

表6-4　金融消费权益被保护综合满意度指标体系及指标权重

目标层	目标层权重	准则层	准则层权重	指标层	指标层权重	总权重
金融消费者信任预期	0.336	消费者主观评价	0.507	对银行系统的信任程度	0.269	0.046
				对证券（期货、基金）公司的信任程度	0.133	0.023
				对保险公司的信任程度	0.131	0.022
				对其他金融机构的信任程度（财务公司、第三方理财公司）	0.089	0.015
				对互联网金融公司的信任程度	0.083	0.014
				对金融行业监管机构的信任程度	0.295	0.050
		消费者信心客观体现	0.493	非现金支付占比	0.448	0.074
				金融活动参与度	0.552	0.091

目标层	目标层权重	准则层	准则层权重	指标层	指标层权重	总权重
金融消费者感知质量	0.283	金融机构服务合规性	1.000	金融机构服务操作合规率	0.480	0.136
				金融纠纷处理满意率	0.520	0.147
金融消费者满意度	0.381	客户主观满意度	1.000	对银行系统的满意程度	0.188	0.072
				对证券（期货、基金）公司的满意程度	0.119	0.045
				对保险公司的满意程度	0.114	0.044
				对其他金融机构的满意程度（财务公司、第三方理财公司）	0.081	0.031
				对互联网金融公司的满意程度	0.085	0.032
				对金融行业监管机构的满意程度	0.180	0.069
				消费者对金融机构的客观满意程度	0.233	0.089

通过对目标层中金融消费者信任预期、金融消费者感知质量和金融消费者满意度分别进行两两比较后发现，金融消费者满意度对于金融消费者权益被保护综合满意度的影响最大，其赋权值是0.381。金融消费者信任预期的影响次之，其赋权值是0.336。相对而言，金融消费者感知质量的比重较小，其赋权值是0.283。

在金融消费者信任预期维度中，其衡量的准则层指标为消费者主观评价和消费者信心客观体现。这两个准则层指标的权重分别为0.507和0.493，因此这两个准则层指标之间影响力的差异不大。在金融消费者感知质量维度中，我们对消费者进行问卷调查，询问其对于金融机构提供的服务质量的感知，考察消费者是否觉得金融机构的服务合乎规范。在金融消费者满意度维度中，我们对消费者进行问卷调查，询问其对于金融消费的主观满意程度，考察消费者对银行、证券、保险、互联网金融、其他金融机构、监管等方面的满意度。

（六）数据来源

在数据来源方面，依然坚持多维度的数据获取原则，利用数据来源之间的互补和交叉验证来确保评估数据的真实性、准确性、全面性和客观性。主要的数据来源有以下几个方面：

1.公开统计数据。宁波地区经济和社会方面的指标根据国家统计局宁波调查队《宁波统计年鉴2016》获得。

2.金融机构自评估数据。在2016年的环境评估工作中，经过前期的充分讨论与研究，确定环境评估"投入"方指标中，金融机构维度"内部保护机制""消费者权益保护措施"下多项三级指标数据从2016年的机构评估项目中直接抓取，进一步实现了环境评估与机构评估之间的信息共享，既促进了工作资源的有效整合，提高了工作效率，也进一步确保了相关数据的可靠性和真实性。金融机构维度的其他相关数据则由宁波辖区内的银行、证券（含期货）、保险等行业各金融机构填写的评估问卷获得，具体回收情况详见表6-5。

表 6-5　金融机构参与调查网点数分区概览

来源	35 家银行机构	42 家证券机构	21 家保险机构
海曙区	169	10	37
江东区	200	27	35
江北区	127	8	25
鄞州区	353	8	39
镇海区	93	1	23
北仑区	133	2	38
奉化市	90	2	24
慈溪市	365	9	53
余姚市	254	2	47
宁海县	90	1	24
象山县	74	2	22
合计	1948	72	367

3.各类监管机构及相关保护单位、行业协会、司法单位数据。对于与

金融消费权益保护环境息息相关的监管机构，如中国人民银行宁波市中心支行、宁波市银监局、宁波市证监局、宁波市保监局等金融监管机构，以及与消费者权益保护相关的政府部门，如宁波市人大、宁波市中级人民法院、宁波市市场监管局、宁波市消费者保护协会等机关单位和社会组织，就金融消费权益保护的相关政策、法规、措施、服务等内容，从制度环境、组织环境和金融消费纠纷解决机制三个方面进行了问询调查，获得了相关数据。

4.问卷调查。为了能够较为客观、准确地评价宁波市金融消费者消费权益保障的现状，我们将问卷分为面向金融消费者的调查问卷、面向金融机构的调查问卷和面向监管机构的调查问卷，从不同的角度来调查和测量宁波市金融消费权益保护环境的实际情况。鉴于评估工作加大了消费者评价的比重，因此以金融消费者为中心对象的"综合满意度"评估指标体系要求更全面、准确的消费者信息。该问卷共分为四个部分，第一部分是调查对象的个人基本信息，第二部分是受访者的金融产品和服务使用情况，第三部分是受访者的基础金融知识水平，第四部分是受访者金融消费及权益保护体验。

为能够使受访者的覆盖面更为广泛、具有代表性，能够反映当前宁波金融消者的真实信息，课题组同时拓宽问卷调查的渠道。一是在遍布全市的金融机构网点、助农金融服务点发放问卷，在保证各区域发放问卷量的同时，适当增加农村、乡镇等欠发达地区的覆盖率，保证了问卷样本的丰富性和科学性；二是以2016年开展的金融宣传主题月活动为平台，引导金融机构利用进超市、进社区等宣传的机会，向老百姓发放问卷；三是在中心支行综合服务大厅现场布点，向前来办理征信报告查询、外汇业务的人群开展问卷调查；四是利用微信公众平台、网络论坛等发放问卷。2016年6~7月，课题组在宁波市下辖所有区县（市）共发放面向16岁以上、在宁波市范围内居住6个月以上的金融消费者问卷6000份，最终回收有效问卷共4559份，问卷回收率为75.98%。问卷有效的判定标准为，根据问卷作答情况，对于个人基本信息缺失、漏答题目在回答问题需填写问题的5%以上的问卷，以及问卷答案呈现规律性的重复性回答等，判定为无效问卷。有效样本的描述性统计显示问卷所采集的数据充分覆盖了各个年龄层、各个行业及职业、各个区县（市）、各种受教育程度及各收入阶层的群体，对反映宁波当前金融消费者的整体情况具有相当的代表性（见表6-6）。

表 6-6　消费者调查问卷基本情况统计

项目	选项	样本（个）	百分比（%）
性别	1. 男	2053	45.03
	2. 女	2506	54.97
居住地	1. 城镇	3377	74.07
	2. 农村	1182	25.93
经常居住地	1. 市区	2111	46.30
	2. 开发区	569	12.48
	3. 慈溪市	408	8.95
	4. 余姚市	482	10.57
	5. 奉化市	349	7.66
	6. 宁海县	298	6.54
	7. 象山县	342	7.50
婚姻状况	1. 未婚	1407	30.86
	2. 已婚	3152	69.14
职业	1. 公务员/事业单位人员	767	16.82
	2. 企业管理人员	804	17.64
	3. 工人/职工	1944	42.64
	4. 农民	141	3.09
	5. 学生	169	3.71
	6. 退休人员	192	4.21%
	7. 失业/无业人员	72	1.58
	8. 其他	470	10.31
年收入	1. 1万元以下	208	4.56
	2. 1万—5万元	1013	22.22
	3. 5万—10万元	2046	44.88
	4. 10万—20万元	1047	22.97
	5. 20万—50万元	180	3.95
	6. 50万元以上	65	1.43

三、评估结果分析

（一）指标评估与分析

1.整体情况分析

（1）2015年度宁波市金融消费权益保护环境整体状况良好，较2014年度略有提升

2015年度宁波地区金融消费权益保护环境总体评估水平为80.3分，与2014年度的79.2分水平相比略微有所提升，较2013年度的71.08分有明显提高（见图6-5）。

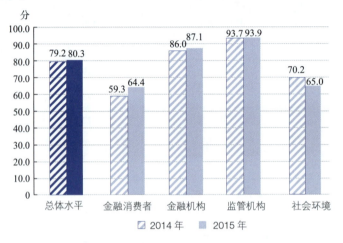

图6-5　2014—2015年度宁波金融消费权益保护环境评估

（2）四个维度中，监管机构和金融机构总体水平较高，社会环境总体水平相对较低

从2015年评估得分来看，影响金融消费权益保护环境的"三类主体"和"一个基础"中监管机构和金融机构的得分较高，分别达到了93.9分和87.1分，社会环境和金融消费者得分则相对较低，分别为65.0分和64.4分。与2014年度的金融消费者、金融机构、监管机构和社会环境的得分相比（分别为59.3分、86.0分、93.7分和70.2分），2015年度金融消费者得分较2014年度提升明显，金融机构和监管机构得分略有上升，社会环境得分有所下降。

（3）县域地区金融消费权益保护整体环境进步明显

从区域上对环境评估指标进行分析，可以看出绝大多数地区的得分较上年均有不同程度的提升。市区得分虽有所下降，但评估得分仍然高于其他的区县（市）。总体上，各区域金融消费权益保护工作均有进步，消费者、金融机构和监管机构共同对优化金融消费权益保护环境做出了贡献（见图6-6）。

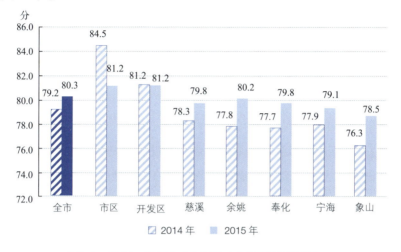

图6-6　2014—2015年度各区县（市）环境评估得分

2.金融消费者维度情况分析

（1）金融消费者的金融能力有所提升，但仍有待加强

从金融消费者维度来看，2015年度金融消费者金融能力总体水平为64.4分，相比2014年度的59.3分和2013年度的55.7分得分有一定的提升，且提升幅度大于前一年。

（2）准则层指标分析：金融消费者金融知识表现最好，金融态度还需要加强

在金融消费者维度下金融能力可分为三个准则层指标——金融知识、金融技能和金融态度。2015年度金融消费者在这三方面的得分分别是71.1分、62.8分和58.6分。和前一年金融能力水平在准则层得分的分布类似，金融知识得分最高，金融态度的分数相对较低（见图6-7）。

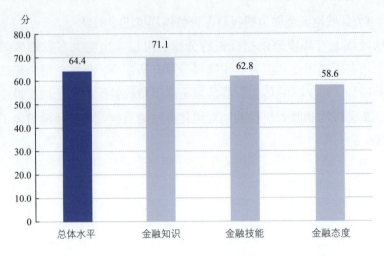

图6-7　2015年度金融消费者维度得分

（3）指标层指标分析：金融消费者在权益知识水平方面的表现好于在基础金融知识方面的表现，金融水平提升的主动性好于消费权益保护的主动性

金融消费者在消费权益基础水平和消费权益保护能力上得分最高，分别为76.6分和69.4分，高于64.2分的金融基础知识和54.0分的个人金融管理能力。在金融态度方面，调查显示消费者的金融知识水平提升积极度较高，得分为64.4分，而消费权益保护主动性相对较差，仅为50.7分（见图6-8）。

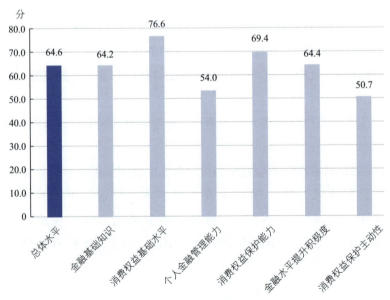

图6-8　2015年度金融消费者指标分析

从分析中可以得出，金融消费者对八大权益具有一定的了解，有较好的自我保护意识和保护能力；在遇到消费权益不法侵犯时，具备一定的维权意识和维权能力。相对于消费权益保护，对金融基础知识概念的理解（如利率、分散风险、保险等）还需要进一步加强，但总体水平比前一年有所进步。

（4）区域分析：市区和开发区金融消费者总体能力较高，各区县（市）金融消费者得分存在差异

从区域对比上看，各区域的差异与往年相比有所减少，但宁波各区域金融消费者的金融能力仍存在着一定差异。宁波市区和开发区的金融消费者的金融能力测量水平最高，分别为67.5分与65.9分，这与市区受调查者的文化水平层次较高、金融素养较好有直接关系。余姚市和慈溪市的测量水平居于中游，得分为63.4分和63.1分，而宁海县、奉化市和象山县测量水平相对较低，金融消费者能力水平分别为60.9分、58.6分和55.3分（见图6-9）。

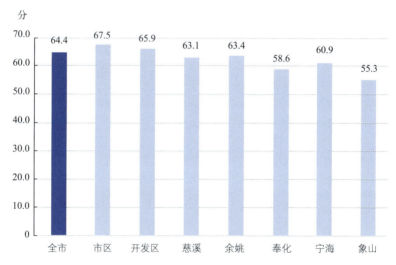

图6-9　2015年度各区县（市）金融消费者维度得分

具体到各准则层指标，在金融知识水平方面，市区与开发区为表现最好的地区，得分均在72分以上，高于全市平均水平；宁海县、慈溪市、余姚市分列3~5位，得分在70~71分；奉化市和象山县得分水平相对较低，需要在金融知识普及方面加强工作（见图6-10）。

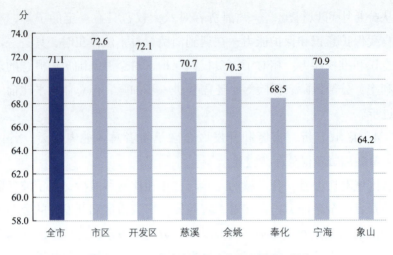

图6-10 2015年度各区县（市）金融知识得分

在金融技能方面，各县域排名表现和金融知识类似，市区、开发区排在前两位，金融消费者金融技能掌握程度较高；慈溪市、宁海县、余姚市三地区得分接近，略低于全市平均水平；奉化市和象山县排名靠后（见图6-11）。

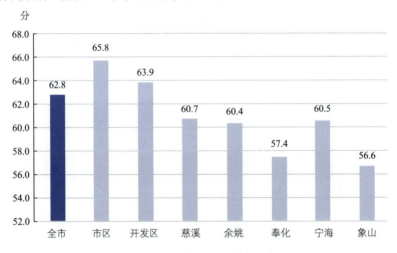

图6-11 2015年度各区县（市）金融技能得分

在金融态度方面，市区和开发区同样稳居前两位，余姚市紧随其后，三个地区的得分均高于全市平均水平；慈溪市与余姚市的差异不大，宁海县、奉化市和象山县得分相对较低。由此可见，宁波辖内不同地区的金融消费者对金融水平提升积极度和消费权益保护主动性方面存在差异（见图6-12）。

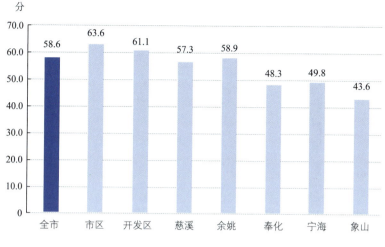

分

图6-12 2015年度各区县（市）金融态度得分

3.金融机构维度情况分析

（1）金融机构整体水平保持平稳

从金融机构维度指标评分来看，金融机构总体水平为87.1分，与2014年度86.0分的水平基本相当，略微有所提升；但相比2013年度79.9分的水平提升明显。

（2）准则层指标分析：内部保护机制和消费权益保护措施水平相对较高

金融机构维度所包含的三个准则层中，金融机构内部保护机制建设表现最好，得分为91.6分；金融普惠性表现平稳，得分为74.8分。在金融服务普惠性方面，我们主要考察了基础金融服务的可获得性和便捷性，包括营业网点服务满足率、常用业务（网上银行、手机银行、自助设备）覆盖率以及助农金融服务点业务程度等，金融普惠性表现良好。随着数字普惠金融的发展，该指标有进一步提升的空间（见图6-13）。

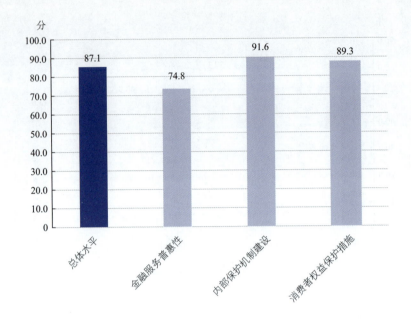

图6-13　2015年度金融机构维度得分

（3）金融服务普惠性指标分析：各类业务覆盖率程度较高，助农金融服务点业务程度及电商功能需进一步加强

金融服务普惠性准则层下得分最高的三项分别是网上银行、手机银行和自助设备常用业务的覆盖率，水平均在80分以上。营业网点服务满足率和快捷支付所占比重得分趋近于金融服务普惠性总体水平，分别为77.4分和72.8分。从业人员服务满足率分数相对较低仅有52.2分。值得一提的是，相比于前一年该指标层的指标构成情况，新增了拥有衡量农村地区金融服务供给水平的助农金融服务点业务程度和助农金融服务点电商服务覆盖率两个指标。这两个指标在评估中得分为64.2分和58.5分，从中可以看出助农金融服务点电商覆盖率还存在很大的提升空间，可作为提高金融服务普惠性的着力点（见图6-14）。

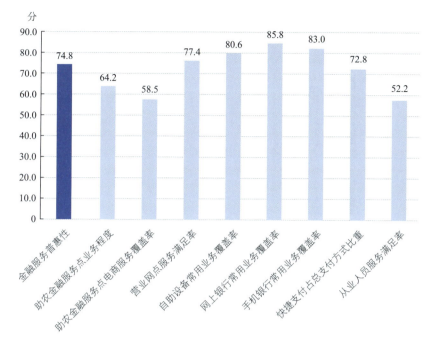

图6-14 2015年度金融服务普惠性得分

（4）内部保护机制指标分析：内部保护组织建设工作成效突出，投诉处理机制完善

从分析中可以看出，内部保护组织建设得分达到了98.3分。在处理投诉方面，2016年度投诉办结率得分为100分，所有经监管部门受理的投诉案件均成功办结。由金融机构统计的投诉处理满意率也高达97.3分。通过整合投诉数据库和典型案例库，不断完善投诉处理流程，大大提高了投诉处理流程的效率，投诉处理流程完备性分数高达99.3分；而金融机构在内部保护机制建设方面需要提高专职人员配备率（见图6-15）。

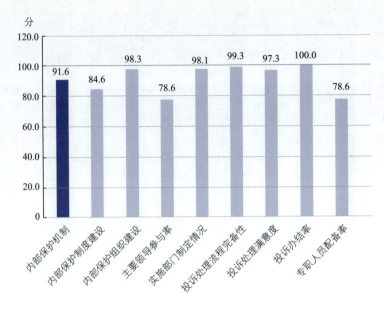

分

图6-15　2015年度内部保护机制得分

（5）消费者权益保护措施指标分析：消费者人身安全保护、信息披露、投诉电话公示情况等各方面表现都较为良好

各金融机构针对保护消费者权益制定的措施也较为完善，交易安全保障、风险提示合规率、客户账户维护、不规范营销处罚制度、个人信息安全保护等方面的得分都在90分以上。消费者权益保护措施得分较高，说明对金融机构持续开展行为监督检查获得了成效。但相较其他指标，具有"冷静期"条款的金融合同占比仅有43.6分，得分较低，可作为进一步完善保护措施的突破点（见图6-16）。

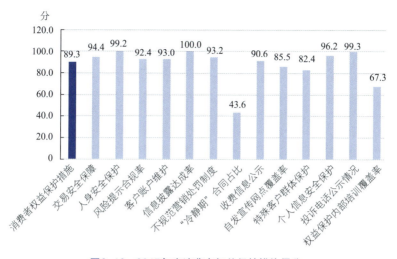

图6-16　2015年度消费者权益保护措施得分

（6）区域分析：市区金融机构水平遥遥领先，其他各区县（市）相差不明显

区域对比分析发现，市区的得分要明显高于其他各区县（市），达到了90.2分。其他地区中，开发区、余姚市、慈溪市、奉化市和宁海县水平接近，得分从86分至88分不等。象山县得分相对较低，只有84.8分（见图6-17）。

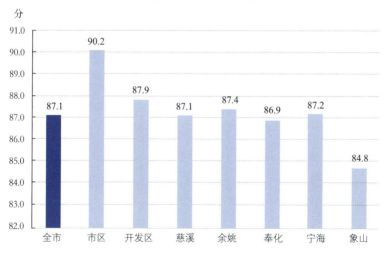

图6-17　2015年度各区县（市）金融机构得分

从金融服务普惠性上看，市区水平为88.5分，为所有地区中最高。象山县在各个区县（市）得分中较低，只有65.0分。其他各区县（市）的金融

服务普惠性在73分至79分，与市区水平有一定差距。由此看来，数字金融和科技创新浪潮虽大大提高了金融服务的便捷性，但其在经济相对落后的农村地区的覆盖程度还有待进一步加强（见图6-18）。

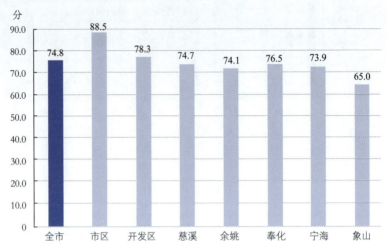

图6-18 2015年度各区县（市）金融服务普惠性得分

在内部保护机制方面，由于大部分金融机构对不同地区的网点进行统一管理，因此各项指标结果一致，为91.6分。

消费权益保护措施中做得较好的地区是余姚市，得分为90.2分，紧随其后的是市区、宁海县、开发区、慈溪市水平接近。奉化市和象山县得分相较低，分别为88.0分和88.4分。总体上看各区县（市）在消费权益保护措施方面成效显著（见图6-19）。

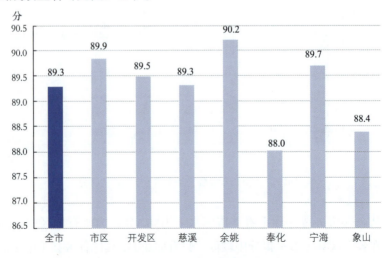

图6-19 2015年度各区县（市）消费者权益保护措施得分

4.监管机构维度情况分析

（1）监管机构维度得分最高

从监管机构维度来看，监管机构金融消费权益保护工作总体水平为93.9分，较前一年93.7分的水平有略微上升，是在环境评估指标体系四个维度中得分最高的。总体来看，宁波市金融监管部门在金融消费权益保护环境建设中工作投入较高。

（2）准则层指标分析：监管机构组织环境较为完善，制度环境长足发展，金融消费纠纷解决机制有待完善

监管机构维度中，包含了制度环境、组织环境和金融消费纠纷解决机制三个准则层，其水平分别为95.2分、100.0分和88.8分。由此可见，近年来，宁波市金融管理部门的消费权益保护工作的组织环境日臻成熟，制度环境也不断完善，但应进一步完善金融消费纠纷解决机制（见图6-20）。

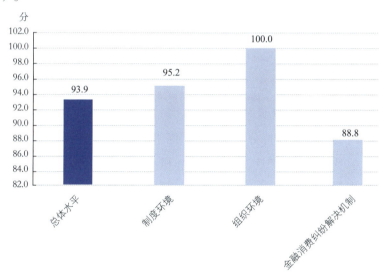

图6-20　2015年度监管机构维度得分

（3）制度环境指标分析：金融管理部门制度完善，检查涉及权益覆盖范围广，地方机关保护制度完备性有待加强

近年来，监管部门日益重视建立金融消费保护权益的长效机制，构建良好的制度环境。例如，人民银行宁波市中心支行适时修订完善金融消费权益保护工作管理办法，改进管理框架，建立以"一行三局"为核心，延伸到

地方机关和相关政府部门合作的会商机制。在2015年度，监管部门对于相关的金融机构开展了金融消费权益保护检查，覆盖了金融消费者的各类权益。在地方机关保护制度完备性方面，人大、法院、工商等部门出台了相关的文件、制度对金融消费者的权益进行了保护，地方政府层面的监管制度保障也已具备了一定的基础，并且有进一步完善的空间（见图6-21）。

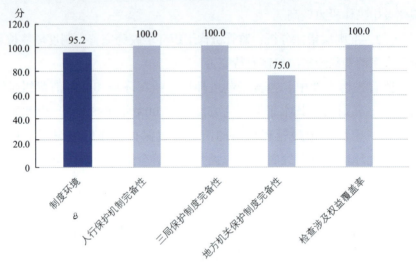

图6-21　2015年度制度环境得分

（4）组织环境指标分析：各个层面组织体系建立成熟

组织环境指标中涉及监管部门和与金融消费权益保护相关部门的组织保障方面，从各单位、组织和部门反馈的数据来看，宁波市各监管机构的组织环境水平较为完善，均建立了完备的相关单位保护组织和司法机关专门审判机制，并拥有较为充足的专职人员配备（见图6-22）。

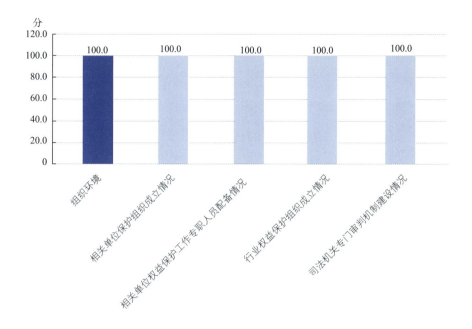

分

图6-22　2015年度组织环境指标分析

（5）金融消费纠纷解决机制指标层指标分析：投诉渠道畅通健全，纠纷协调解决机制仍待完善，投诉处理满意度较高

在金融消费纠纷解决机制层面，宁波市金融监管部门均已开通金融消费权益保护热线电话，以协调解决金融消费纠纷。并在前几年工作的基础上，进一步完善工作机制，梳理和改进纠纷处理流程，加强相关工作人员队伍建设，实现金融消费权益保护信息系统的高效运作。据监管机构统计数据，2015年度，金融消费纠纷投诉调解结案率高达99.8分，监管部门投诉处理满意率达到了96.7分，有效妥善处理各类纠纷事件，平复金融消费者情绪，从而较好地维护金融市场的健康发展（见图6-23）。

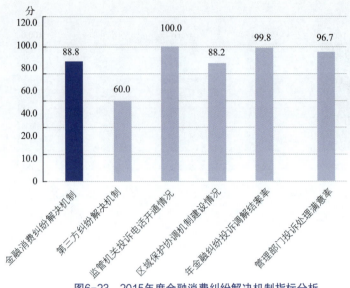

图6-23　2015年度金融消费纠纷解决机制指标分析

（6）区域分析：各区县（市）工作水平均衡

由于多数的监管机构在宁波县域地区并没有下辖的机构，其金融消费权益保护监管职能基本由市一级的监管部门承担。对于少数辖内设有县级分支机构的监管部门而言，其在制度环境建设和组织环境建设方面，也是在贯彻上级监管机构的工作要求，因此其指标分数基本上处于同一水平，各个地区的监管部门在金融消费权益保护方面的成果和问题基本上类似。

5.社会环境维度情况分析

（1）金融消费权益保护工作外部社会环境建设有赖于社会各界的共同协作

此次评估中，社会环境维度总体水平为65.0分，在四个维度中，处于一个相对较低的水平。

2015年度环境评估中对社会环境这一维度的指标进行了大幅度的变动，选取了经济基础、法治环境、政府诚信和社会诚信文化这四个准则层指标。与前两年相比，2015年社会环境维度得分虽有所下降，但不能断定社会环境呈现恶化趋势，这可能是指标构建变化导致的。

（2）准则层指标分析：法治环境和政府诚信水平较高

社会环境维度包含了经济基础、法治环境、政府诚信和社会诚信文化四个准则层指标，其得分分别为47.5分、78.7分、66.9分和55.2分。法治环境和政府诚信水平较高，而在社会环境维度中得分较低的两个指标是经济基础和社会诚信文化（见图6-24）。

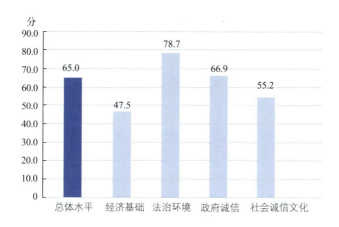

图6-24　2015年度社会环境维度得分

（3）经济基础指标分析：宁波市整体经济基础较好，金融市场发展程度有待进一步提升

经济基础构成了金融消费权益保护工作的基石，从经济基础各个指标来看，人均国内生产总值和非国有经济所占份额得分相对较高，这与宁波市经济实力较强、民营企业发展较好有关（见图6-25）。

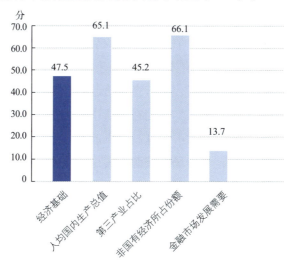

图6-25　2015年度经济基础得分

（4）法制环境指标分析：法制建设整体水平尚可，但仍有较大进步空间

在法制环境中，我们以知识产权保护情况和经济案件发生率作为衡量法制建设水平的指标。从总体来看，宁波市知识产权保护水平达到78.4分，专利受理批准效率较高，对知识产权的保护情况较好；经济案件发生率[①]得分为79.1分。可以看出，宁波市在经济层面的法制环境总体良好，仍有进步空间（见图6-26）。

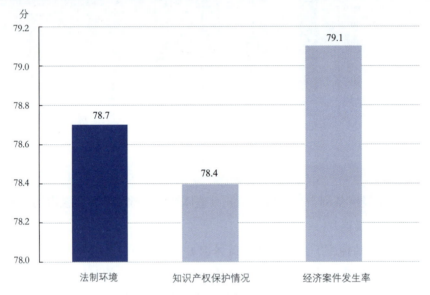

分

图6-26　2015年度法制环境指标分析

（5）政府诚信指标分析：在社会诚信文化中起到表率作用

政府诚信水平在社会诚信体系中起到表率作用。其中当地城市商业银行中长期贷款占比得分较高，国有企业贷款占比与城市财政缺口水平相近，而政府规模得分相对较低。我们在分析中认为，当地城市商业银行中长期贷款占比和国有企业贷款占比越高，则政府在金融市场中所存在的影响更大，干预程度更高，与市场在资源配置中起决定性作用的原则不符，为此，我们对这两项指标作了反向处理[②]（见图6-27）。

---

① 经济案件发生率作为反向指标，得分越高则经济案件发生率越低。
② 当地城市商业银行中长期贷款和国有企业贷款占比在金融消费权益保护环境评估中均作为反向指标，占比越高，得分越低。

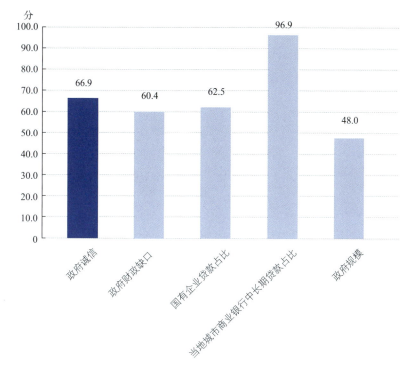

图6-27　2015年度政府诚信指标分析

（6）社会诚信文化指标分析：个人贷款违约水平较低，应培养和改善人口素质，加强企业征信建档工作

从构成社会诚信文化的各指标表现来看，2015年度，地区假币浓度和主要个人贷款违约情况指标较好，得分均在95分以上，说明宁波地区人民币反假币工作成效显著，个人贷款的违约率较低。个人和企业的征信建档率和社区诚信度得分较低，地方政府应该在提升个人、企业征信建档率和改善社区诚信度上加大工作力度（见图6-28）。

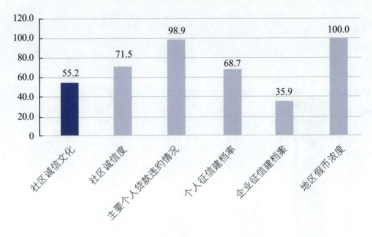

图6-28　2015年度社会诚信文化指标分析

（7）区域对比：社会环境区域有一定差别

就各区域情况而言，象山县和奉化市得分较高，分别为69.4分和69.2分，开发区、余姚市水平居中，市区得分相对较低，为61.7分。这些差异是由于经济基础、法制环境、政府及社区诚信文化等多方面因素上的差异造成的。总体上看，宁波各县市区在社会环境维度上存在一定的差异，这种差异主要体现在人均生产总值、经济案件发生率、城市财政缺口和政府规模等指标上（见图6-29）。

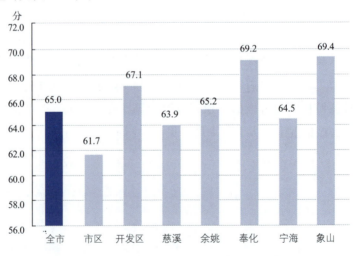

图6-29　社会环境得分区域分析

具体到各准则层指标，在经济基础方面，由于市区和开发区在相关数据收集时并未进行分离，因此55.2分的水平为市区和开发区的平均水平，高于其他县域的经济基础得分。总体上看，地区间经济水平发展存在着差异，慈溪市、余姚市和象山县处于中游位置，奉化市和宁海县排名靠后（见图6-30）。

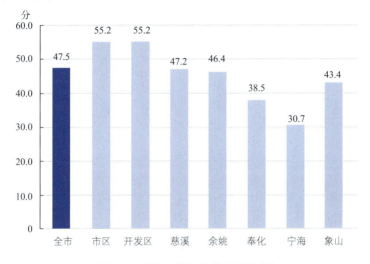

图6-30　社会环境经济基础区域对比

在法制环境方面，市区得分较低，原因在于市区内的经济活动较为频繁，金融环境发达且相对复杂，经济案件发生概率较大。法制环境得分最高的县域为奉化市和象山县，其他县域的法制环境得分较为接近（见图6-31）。

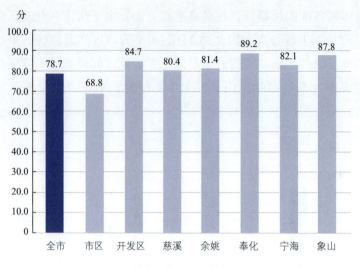

图6-31　社会环境法制环境区域对比

在政府诚信方面，象山县、奉化市和宁海县位于前三名，分别为74.6分、74.0分和68.5分，其他地区政府诚信水平接近，总体上情况良好（见图6-32）。

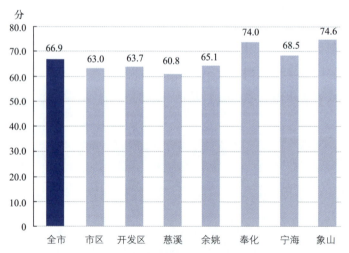

图6-32　社会环境政府诚信区域分析

在社会诚信文化方面，区域间的差异并不明显。社会诚信文化的构建有待加强，个人征信和企业征信覆盖情况需进一步提升（见图6-33）。

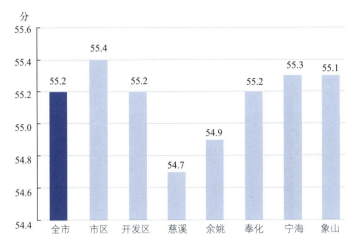

图6-33　社会环境社会诚信文化区域分析

（二）多角度评估：宁波金融消费者权益被保护综合满意度评估

满意度中的"期望不一致理论"是我们进行"金融消费权益被保护满意度"评测的理论基础。以理论中的三个重要变量为分析目标，构建以"消费者预期""消费者感知质量"与"消费者满意度"为三大维度的"金融消费者权益被保护综合满意度"评估指标体系。

1.宁波市各地区综合满意度水平整体情况分析

从总体水平上来看，宁波市金融消费者对自身权益被保护程度的满意程度较高，达到73.5分，与"三大主体、一个基础"在金融消费权益保护环境方面作为投入指标的表现基本匹配。各区县（市）之间的消费者满意度存在差异，但并不明显。其中，情况相对较好的是慈溪市和宁海县，而表现相对较弱的是市区和奉化市（见图6-34）。

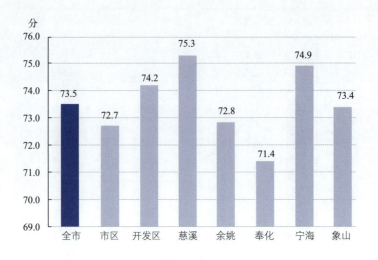

图6-34　金融消费者权益被保护综合满意度区域分析

　　与之前作为投入工作考量的环境评估指标体系评估结果相比，消费者综合满意度较高的慈溪市和宁海县，并非是在环境评估中表现最突出的地区。而环境评估中表现较为突出的市区，却未能在被保护综合满意度中获得消费者较高的肯定。这其中的矛盾，直接引发我们对于各地区投入工作与产出效果契合度的思考。金融消费权益保护环境工作需要贴合当地消费者的需求，才能得到更好的效果。契合度综合评价将在下文中做详细阐述。

2.金融消费者信任预期情况

　　在金融消费者满意度形成过程中的第一阶段，消费者的期望包含了对金融产品和金融服务质量的期望，也包含了对消费者八项权益的合理预期。金融消费者对于权益受保护程度的预期，更多的是基于对金融系统的信任程度和对整个金融市场的信心。当消费者认为金融系统是值得信任的、并对金融市场的发展充满信心时，对自身权益的实现和受到保护的预期越高。

　　在金融消费者信任预期的衡量维度中，消费者主观评价权重略大，消费者信心客观体现的影响力相对略小。在指标层中，由于银行系统仍然是消费者最常接触的金融机构，所以对银行系统的信任程度和金融活动参与度的重要性相对大一些，其赋权值分别达到了26.9分和55.2分。而消费者主观评价与其客观行为也基本相符，其测量值差别仅为4.5分（72.7分和68.2

分）（见图6-35）。

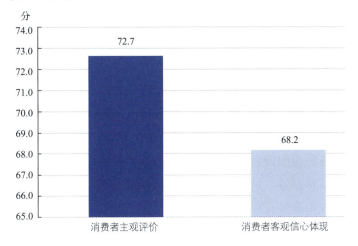

图6-35　金融消费者信任预期影响因素分析（准则层）

　　但是，我们也发现各个区域的金融消费者对于金融产品和金融服务质量的期望相差较大。相对而言，市区和开发区的金融消费者的预期最高，分别为72.4分和71.7分，余姚市、慈溪市和宁海县次之，奉化市和象山县的金融消费者对于金融满意度的期望最低，分别为66.7分和63.6分。这样的差别与金融消费权益保护分析中"金融消费者"维度指标十分吻合，我们认为金融消费者对其自身权益被保护程度的预期与其在金融领域的基本素质、技能与自我积极性成正比。而消费者对于自己不了解的领域，对其所抱有的期望也相应较低（见图6-36）。

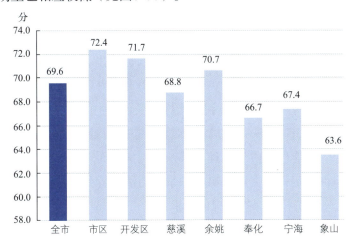

图6-36　金融消费者信任预期区域对比（准则层）

3.金融消费者感知质量情况

所谓"感知质量"是指消费者在金融消费过程中对自身合法权益受保护程度的实际感知水平。对于金融行业来说，感知质量的决定因素（Lee，Lee和Yoo，2000），包括：（1）可靠性，即金融机构能可靠且正确地提供所承诺的服务；（2）回应性，服务人员帮助顾客和提供及时服务的意愿；（3）保证性，指服务人员具有专业知识、有礼貌和获得顾客的信赖；（4）关怀性，指金融机构能给顾客提供关切以及个别的照顾；（5）有形性，包括服务的设施设备、员工的仪表与提供服务的工具和设备，即服务的场所、人员和设备。这些因素与金融机构现行的行为规范不谋而合，所以对于金融机构服务合规性的消费者评价是衡量消费者感知质量的一个重要因素。

在金融活动中，金融机构和金融消费者间的纠纷问题是难以避免的，其原因也多种多样。对于发生金融纠纷的消费者，不能简单认为其对感知的服务质量就是不满意的，而是在发生金融纠纷时以及之后，金融纠纷是否能够得到及时响应、合理处置、公正解决，从而使得金融消费者最终实际感知到是否满意。因此，对于金融纠纷处理的满意率，也是金融消费者感知质量的重要组成部分。在金融消费权益保护评估体系中，也有类似的指标，但由金融机构和监管机构提供的数据统计计算。在综合满意度分析中，从消费者角度直接衡量，可以与上述指标起到交叉验证的作用，以保证评估的客观性。

在金融消费者感知质量维度，指标层分为金融机构服务操作合规率和金融消费纠纷处理满意率两个指标，它们在准则层的赋权比重分别为48.0%和52.0%，相应的测量值为95.6%和58.4%。可以看出，消费者普遍对金融行业的操作合规率给予高度肯定；但对金融消费纠纷处理的满意度则相对较低，58.4%的消费者评分与环境评估指标体系评价中由监管机构统计数据所得的96.7%的满意率也有一定的差距。当然其中不排除小部分消费者出现过度维权行为的可能性，由于无理要求未得到满足而造成对纠纷处理的主观不满意，但也一定程度上反映出金融系统与消费者分别从供给与需求角度出发，对金融消费权益保护状况的要求偏差（见图6-37）。

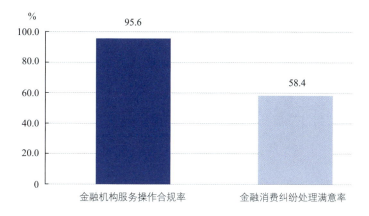

图6-37　金融消费者感知质量影响因素（指标层）

在宁波各区县（市）中，慈溪市、宁海县、象山县的金融消费者感知质量水平相对较高，得分分别为87.3分、82.5分和80.9分，高于全市平均水平。开发区得分略低于全市平均水平。余姚市、奉化市、市区得分相对较低。未来需要开展较多工作，提升这三个地区金融消费者对于金融产品和金融服务的感知质量水平（见图6-38）。

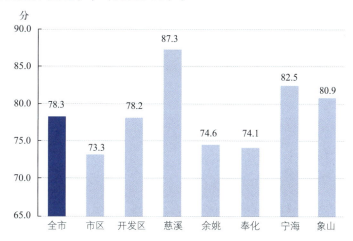

图6-38　金融消费者感知质量区域分析

4.金融消费者满意度情况

在通过前一阶段中对"信任预期"和"感知质量"的对比，消费者做出不同等级的"满意反应"。金融消费者满意度是反映消费者最终对自身合法权益是否得到保护的总体满意程度。

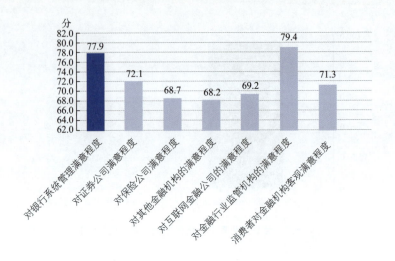

图6-39 金融消费者满意度影响因素分析（指标层）

在金融消费者满意度维度，我们主要考察客户主观满意度，在指标层则分别对银行系统、证券（期货、基金）公司、保险公司、其他金融机构、互联网金融公司和金融监管机构的满意程度进行衡量。结果显示，消费者对各监管部门的满意度也最高，对较为熟悉的银行系统的满意程度次之，但对新兴的互联网金融机构和其他金融机构的满意度相对较低（见图6-39）。

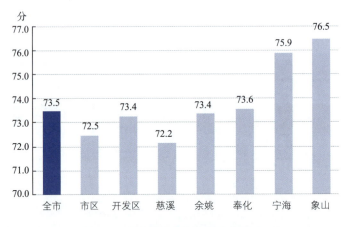

图6-40 金融消费者满意度区域分析

分区域来看，我们发现象山县的金融消费者对于金融机构的满意度评价在各个区县（市）中最高，为76.5分；宁海县次之，为75.9分；奉化市、余姚市和开发区接近全市的平均水平，而市区和慈溪市的金融消费者对于各个金融机构的满意度较低（见图6-40）。

5. "投入"与"产出"的契合度综合分析

在评估工作中，仍然将"三类主体"和"一个基础"为组成部分，进行宁波市金融消费权益保护环境评估，并对各个主体进行了深入全面的指标评测。与此同时，为更好地从多角度了解宁波金融消费权益保护工作，尤其是从金融消费者满意度的角度，我们又进行了相对独立的"金融消费权益被保护综合满意度"分析。"金融消费权益保护环境评估"和"金融消费权益被保护综合满意度"分析都旨在衡量"金融消费权益保护工作"，但选取不同的衡量角度和标准，每套指标又可以单独地从各自视角反映宁波市金融消费权益保护工作的成效。

将"金融消费权益保护环境评估"作为投入方，将"金融消费者权益被保护综合满意度"作为产出方，采用数据包络分析法进行契合度分析具有以下两点重要的意义：一是投入与产出的契合度可以为各地今后工作的改进提出针对性的意见，以提高其工作的效率；二是"环评指标"虽沿用往年框架，但对末端指标做出了较大的调整，以及问卷等数据收集方式的调整，"环评指标"在某些方面与往年的评测结果并不具备直接的可比性，因此在纵向动态对比不完整的情况下，"环评指标"作为投入水平与"满意度指标"作为产出水平的横向对比也可为综合评价2015年宁波金融消费权益保护环境的优劣提供依据。

我们采用在生产绩效研究领域中被广泛采用的、更为科学的全要素效率分析法——数据包络分析法（Data Envelopment Analysis，DEA），对宁波各区县（市）进行投入与产出契合度的综合性分析。构建符合数据样本的效率前沿，从而对提供相似服务的多个决策单元（例如地区、城市等）之间的效率进行比较，计算所得的效率水平也科学地反映出投入与产出效果之间的契合程度（见图6-7）。

表 6-7　各区域投入、产出和投入产出契合程度

	投入指标		产出指标		投入产出契合程度	
	指数（%）	排序	指数（%）	排序	指数（%）	排序
市区	81.43	1	72.66	7	96.46	7
开发区	81.20	2	74.17	3	98.51	4
奉化市	79.83	6	71.38	8	96.12	8
慈溪市	79.87	5	75.30	1	100.00	1
余姚市	80.22	4	72.79	6	96.67	6
宁海县	79.46	7	74.89	2	100.00	1
象山县	78.52	8	73.38	5	100.00	1
全市	80.28	3	73.51	4	97.67	5

四、评估小结

（一）工作成效

环境评估中，通过对各个指标的量化分析，可以引导消费者进行合理的消费决策，促进消费者的理性选择；也便于管理部门把握金融市场发展形势，促进金融消费市场各经营主体的行为优化。

1.金融消费者素养整体提升明显

金融消费者素养和金融能力明显提升是对包括各个监管部门和金融机构近年来持续开展的金融宣传教育工作的极大肯定。2015年，宁波举办了"3·15""金融知识普及月"等主题宣传活动，开展了金融消费权益保护联络员培训、"三江金融讲堂"、上门"一对一"等主题培训，针对青少年开展了"金融普惠　校园启蒙"国民金融素质教育提升工程等活动，充分调动协会、金融机构、志愿者、讲师团和农村金融消费权益保护维权服务站等力量，深入推进精准宣传、精准教育，灵活运用新型的宣传途径和方式，提升金融知识教育的有效性，建立起了金融宣传教育的长效机制。

2.金融机构加强金融消费权益保护措施

金融机构维度的金融服务普惠性、内部保护机制和消费者权益保护措

施的指标，尤其是关于金融消费者八大权益的指标，信息披露达成率、不规范营销处罚制度自发宣传网点覆盖率、个人信息安全保护、权益保护内部培训覆盖率等，均比2014年度有所提升。这些增长归结于金融机构对于金融消费权益保护措施的逐年优化和完善。2015年，宁波市金融管理部门对全辖区37家银行业机构、49家证券期货业机构、32家保险业机构和2家支付机构的金融消费权益保护工作开展情况进行了评估。通过金融机构自评估、人民银行非现场评估、人民银行选择性现场评估等多样化的评估手段，促使金融机构重视消费者合法权益，规范经营行为。

3.金融监管部门建立健全联动工作机制

在环境评估的过程中，宁波市金融监管部门从制度环境、组织环境和金融消费纠纷解决机制上建立健全联动工作机制。宁波市"一行三局"均设立了金融消费权益保护工作的责任部门，配备了专职工作人员，以提供足够的组织保障。公安和司法部门也专门设立了针对金融消费领域的犯罪调查和审判机构来保障金融消费权益保护工作的开展。2015年初，人行宁波市中心支行牵头"三局"、金融办、市场监督管理、公安、司法、法院等15个部门，成立了宁波市金融消费权益保护工作联席会议，并制定了《宁波市金融消费权益保护工作联席会议制度》。此外，宁波市在各个金融消费层面均已设立了专业的行业权益保护组织，实现了监管部门、社会组织、司法机关等相关单位对于金融消费权益保护组织建设的全覆盖。

2015年，宁波市金融消费纠纷人民调解委员会成立，将专业、高效、权威的人民调解机制引入金融消费领域。同时，证券期货行业成立了证券期货仲裁中心。保险行业也成立了保险合同纠纷人民调解委员会。金融行业成立了多元化纠纷化解机制。

（二）发现问题

1.继续加大金融消费权益保护工作投入，但也需要重视产出

长期以来，我国在金融消费权益保护工作方面注重供给方的投入，都认为数量上"多多益善"，如在金融机构方面强调营业网点服务满足率、自助设备常用业务覆盖率、从业人员服务满足率等指标，在监管机构方面强调工作组织成立情况、人员配置情况、投诉调解结案情况等指标。这种指标体系固然对于工作起到了量化测评的作用，但其缺陷也很明显，即忽

视效率，把金融消费权益保护工作单纯地同数量增长划等号。但若用投入产出比、数据包络分析等方法衡量，则不同地区和部门的效益不简单地等同于金融消费权益保护评估的结果。金融消费权益保护工作做得如何，消费者的认同是关键。如何在相同的工作投入前提下，获得工作效益的最大化，让金融消费者有获得感和安全感，这才是评估的意义。

2.在注重宣传教育金融消费权益知识的同时，注重金融素养的形成

与前两年相比，金融消费者层面各项指标大多呈现较大幅度的上升，如消费权益知识水平、消费权益保护能力等。反映在具体内容上，金融消费者对消费权益保护知识的相关学习和重视程度远远高于对自身金融知识的把握和应用。这一方面说明金融消费权益保护知识的宣传作用日益显现；另一方面也说明市民过度地依赖监管机构和协会在事后高成本维权中起的作用，而忽略了自身金融能力的提高。

如市区金融消费者在消费权益保护能力、消费权益知识水平和消费权益保护主动性方面，在各个区域都是最高的，但在投入产出契合度分析中却发现，市区在金融消费者感知质量和金融消费者满意度中都排名靠后。市区民众整体对金融基础知识和消费权益保护知识的了解程度较高，自我保护能力较强，而对自身金融技能进一步提高的意愿也更积极。但也正因为如此，市区民众对自身合法权益受保护的愿望也更加强烈，对自身权益受保护的期望值也就越高。

另外，较高的居民金融素养也使得新兴金融产品与服务形式更容易被接纳和认可，消费者愿意尝试金融领域新鲜事物的积极性相对较高，也更大胆。这一方面是金融市场蓬勃发展的积极推动力，另一方面，消费者在金融市场中的信息劣势地位依然存在，与高收益金融投资相伴的潜在风险却并不一定被充分理解。尤其是在投资风险因市场营销的需要而被刻意淡化时，就很有可能出现由于事前风险提示不足而造成消费者对实际产品和服务质量不满意的情况，甚至导致金融纠纷的发生，或由于纠纷先例较少而造成调解的困难。这是影响金融消费者在消费过程中"感知质量"的重要因素。综合"金融机构服务和规律"与"金融纠纷处理满意率"两项指标层指标，市区的"金融消费者感知质量"在全市范围内处于相对落后的位置。

同时，不难看出，今后在市区范围内，更有针对性的工作重点应该是放在金融机构和监管机构这两个维度，在积极推动金融改革创新的同时需加大对市场实际操作的监管，使之能够与较高的消费者需求相匹配，缩小消费者的期望和实际感知质量之间的差异。此外，监管机构和金融机构在进行金融知识宣传教育中，应增强对金融知识和能力的掌握，逐步提高金融素养，使金融消费者树立正确的风险意识。

五、政策建议

（一）金融宣传教育工作仍不容放松，应与时俱进

伴随日新月异的金融创新和科技创新，大量的新型金融模式和金融产品不断涌现，加之信息渠道的不断扩张，消费者对金融知识的需求与对信息获取渠道的偏好都在不断变化。在提供金融宣传教育时应考虑到这些因素，及时对教育内容、宣传渠道和力度等做出相应的调整，使这项工作能够适应消费者的需求，与时俱进。

在本次针对金融消费者的调查随访中发现，在众多金融知识获取渠道中，有高达73.68%的受访者表示"通过网络、手机短信宣传"是他们获取金融知识的最主要渠道。这反映出互联网和移动通信设备在人们的日常生活中已经占据越来越重要的地位，然而此渠道传播的信息质量也是最不乐观、最难控制的。受访者普遍表示（66.46%）在众多提供金融宣传教育的机构中，最为信任的还是"具有金融监管职能的政府机构"。因此，金融监管机构应该充分利用自身的公信力，在持续发挥传统教育宣传模式的基础上，配合金融机构的积极努力，适当增加新科技通讯手段的运用，改善金融宣传教育效果。

在教育内容方面，希望更多了解"银行理财产品知识"的人数最多，占总受访者的48.59%；希望了解"如何建立个人金融目标和金融规划"的和希望了解"养老保险制度与其他养老计划"的受访者次之，分别占44.53%和43.78%。在今后的宣传教育工作中可考虑适当加大这些方面的宣传力度。

（二）金融机构工作整体值得被肯定，金融服务普惠性与部分金融消费权益保护的具体措施有待加强

金融机构维度评分在四大维度中相对较高，与前一年相比有一定的提升。但与前一年评估结果相似的是，"金融服务普惠性"仍旧是准则层指标中评分最低的。由于新增了对"助农金融服务点电商服务覆盖率"的考察，其评分较前一年甚至略有下降。因此，继续推进普惠金融相关工作仍然是金融工作中的重点方向，尤其是为农村地区提供更为丰富、实用的金融服务，这将有助于提升宁波整体金融工作的普惠性。

另外，金融机构针对消费权益保护措施指标评估中也呈现出一些不足。例如，目前"冷静期"合同占比仍然偏低，仅占总量的43.5%。为金融相关产品合同配备"冷静期"条款，是出于预防消费者"过度自信"的考虑。金融产品销售机构（如银行、保险公司）应该对"冷静期"条款进行大力度的宣传和实施，促使消费者相对合理衡量风险，增强自负盈亏的意识。另外，针对"特殊客户群体的保护措施"仍有待加强。金融机构应在营业网点加强针对老、弱、病、残等特殊客户群体的基础设施配备，以及相应的营业操作规范，确保他们得到公平的待遇。这也是提高金融服务普惠性的要求之一。

从金融消费者的信息反馈方面，大多数的受访消费者认为导致金融纠纷发生的主要原因来自金融机构，其中"金融机构信息公开不透明"（48.56%）与"金融机构收费标准不一致"（42.38%）是最重要的两个原因。金融机构应加强在信息披露和收费定价方面的工作。

（三）监管机构继续保持较高水平运作，但仍有改进空间，行为监管目标应更明确

金融机构维度评分为四大维度中最高，宁波市各金融监管机构在制度环境和制度环境建设方面表现出色，但是在金融纠纷解决机制建设方面略显不足。其中"第三方纠纷解决机制建立情况"较为薄弱（评分为60%），是今后工作的重点改进方向。建议借助宁波市金融消费权益保护协会的有利平台，进一步规范宁波市金融消费纠纷人民调解委员会，完善非诉第三方调解机制。指导协会加强与市司法局、法院等的沟通，做好对人民调解委员会工作规范及流程的梳理、完善，充实调解员队伍，提升调

解员素质，完善调诉对接机制。在此基础上积极开展调解工作，进一步推动金融消费纠纷解决方式的多元化、规范化、高效化。

调查中，72%和71%的消费者认为现在金融机构存在"金融产品宣传与实际不符"和"销售环节未说明清楚或误导"的情况，这也为下一步针对金融机构的行为监管方面提供了明确的监管重点。监管机构应对金融机构制定更明确严格的产品宣传规范与销售操作规范，并加大监管力度。

就全国范围而言，应进一步加强金融消费权益保护的立法工作。《消费者权益保护法》从扩大解释消费者含义的角度，将金融消费者纳入了"消费者"这一概念，但是没有明确金融消费者保护的范围、职责和协调机制，也没有对于金融消费纠纷解决途径做出具体规定。其他现行金融法律法规如《银行业监督管理法》《商业银行法》《证券法》以及《保险法》等，出发点都侧重于维护金融机构的安全与利益，对金融监管部门保护金融消费者的职权和金融机构保护金融消费者的义务缺乏明确规定，难以裁量具体的金融消费纠纷，操作性欠缺。同时，现行的法律规章对于越来越普遍的金融业混业经营，特别是场外金融交易和互联网金融交易缺乏规范，无法应对新形势下的快速发展的金融消费权益保护的新要求。

（四）社会环境未见好转，诚信文化建设极为必要

社会环境维度与其他维度相比，仍处于相对劣势，在评价指标整体调整的前提下，与往年相比呈现下降趋势。主要原因是在金融消费保护环境评估体系中，社会环境的指标与往年相比进行了大幅的扩充，指标数由前一年的7个三级指标增加为15个三级指标。因此，简单对比两年间在社会环境维度方面的得分是不科学的。但是，宁波市较为开放的经济结构比较容易受到整体下滑的经济形势影响，金融环境因此相对恶化。另外，从得分来看，宁波市整体社会诚信环境也有待进一步提高。这两方面的改善不仅要依靠金融机构和监管机构在征信体系建设上继续努力，更需要调动行政组织、媒体、教育机构等社会各界的力量共同打造社会诚信环境。

（五）契合度分析为各区县（市）未来工作提供参考意见

契合度分析得分的高低是一个相对的概念，在这里，它仅仅揭示每个区域在构建金融消费权益保护环境时，是否能够高效地利用当地的资源，

以消费者的切实需求为导向构建最贴合当地实际情况的保护体系。契合度分析得分并不能衡量一个地区工作是否成功，即使完全相同的投入工作量，放在不同的地区，面对不同的消费者群体，其综合分析也可能会大相径庭。

契合度分析偏低的宁波市中心城区与其他各区县（市）相比，反而是在投入方面做出最多工作的地方，但想要满足整体金融素养较高的消费者在权益保护方面的高要求，金融机构和监管机构方面的投入力度仍需要不断加大。而契合度分析相对较好的地区，在保持现有的高质量、针对性服务的前提下，也要同时把提高消费者的金融素养，加强金融消费权益保护宣传作为未来工作的重点。只有这样，才能使这些地区的金融消费权益保护环境得到提高。

第七章

2017 年宁波地区金融消费权益保护环境评估报告

一、评估总体思路

（一）精简环境评估指标体系

为增加环境评估可推广性，探索制定科学、可得、灵活的指标体系，促进统一工作标准的形成，在2017年的环境评估工作中，将原有的指标体系进行进一步的提炼、精简，在保证指标体系全面性的前提下将指标层指标数量从63个减少到29个。

从指标结构上看，2016年度环境评估指标体系在目标层指标上与往年保持一致，但出于提升指标客观性和相关性的考虑，对准则层和指标层的部分指标进行了适当的增减和修正。因此，2016年度环境评估结果无法与上一年的评估结果进行直接比较。

为此，在评估结果分析中，课题组对2015年度环境评估数据进行了同步更新与调整，对统计口径变化的指标数据进行了重新计算，对新增指标的数据进行了2015年、2016年同步采集，以保证数据的可比性。

（二）整合其他各项评估工作已有资源

按现有的框架，环境评估包含金融消费者、金融机构、监管机构和社会环境等四大维度。其中，金融消费者维度中金融知识、金融技能、金融态度三个指标的数据来自《2017年消费者金融素养调查》和《2017年金融消费者满意度调查》的结果；金融机构维度中金融普惠性指标数据来自《2016年宁波市普惠金融试点评估课题报告》[①]，内部保护机制和消费者权益保护措施两大准则层指标下的部分数据来自机构评估。整合后，环境评估大部分指标数据都可以通过现有的调查评估得到，数据的可得性和准确性得以提高，各项评估工作数据利用率得到提升，便于更大范围的推广。此外，本次环境评估在成果应用上更具有针对性，对相关工作开展的指导性得以大大加强。

二、评估过程说明

（一）指标赋权

2017年环境评估指标体系在整体维度上沿用了前三年指标体系的整体框架，围绕金融消费者、金融机构、监管机构和社会环境四个维度作为目标层评估指标。在准则层方面，仅对社会环境维度进行修改，最终形成经济基础、信用环境两个准则层指标。在指标层方面，对部分指标进行合并、替代、删除，增加了指标数据的可得性、客观性、可推广性。

指标体系的层级划分、指标构建、评估内容等与往年保持了总体一致，故在指标赋权方法上沿用了具有系统、灵活、简洁等优点的层次分析法，使得指标体系中各层级指标能在一定程度上与往年数据进行合理比较。2017年环境评估邀请了来自金融监管机构、金融机构、大学研究机构共28位业内、学界专家学者，对4个目标层指标、11个准则层指标和29个指

---

① 报告数据基于《中国普惠金融指标体系（2016年版）》计算获得，但在作为环评得分时删除了其中与环评指标体系中已有指标重复的内容，并对删除指标的权重按加权平均的方式加入同一层级且同一上级指标下其他指标的权重中。

标层指标在相同层级、相同上级指标下进行两两重要性比较，并赋予相应的数值。

（二）赋权结果

为保证指标体系在整体上与历史结果能够合理比较，因此2017年环境评估中目标层指标的权重沿用了《宁波市金融消费权益保护环境评估报告（2016年）》中对应目标层的赋权结果，其他指标赋权根据2017年专家给出的反馈意见，利用AHP法计算所得，赋权结果如表7-1所示。

表7-1 金融消费权益保护环境评估指标体系（2017年）

目标层	目标层权重	准则层	准则层权重	指标层	指标层权重
金融消费者	0.204	金融知识	0.417	金融知识	0.417
		金融技能	0.226	金融技能	0.226
		金融态度	0.357	金融态度	0.357
金融机构	0.324	金融服务普惠性	0.416	使用情况	0.359
				可得性	0.398
				质量	0.243
		内部保护机制	0.254	制度建设情况	0.387
				投诉处理流程完备性	0.320
				投诉处理办结率	0.293
		消费者权益保护措施	0.330	义务履行	0.323
				教育宣传	0.189
				"冷静期"合同占比	0.108
				特殊客户群体保护	0.168
				客户账户维护	0.211

目标层	目标层权重	准则层	准则层权重	指标层	指标层权重
监管机构	0.284	制度环境	0.365	"一行三局"制度完备性	0.388
				地方机关保护制度完备性	0.282
				检查涉及权益覆盖率	0.330
		组织环境	0.259	相关单位保护组织成立情况	0.399
				行业权益保护组织成立情况	0.287
				司法机关专门审判机制建设情况	0.314
		金融消费纠纷解决机制	0.376	第三方纠纷解决机制建立情况	0.479
				区域保护协调机制建设情况	0.232
				管理部门投诉处理满意率	0.289
社会环境	0.188	经济基础	0.155	人均国内生产总值	0.393
				金融市场集中度*	0.607
		信用环境	0.845	个人征信建档率	0.294
				企业征信建档率	0.243
				主要个人贷款违约情况*	0.350
				经济案件发生率*	0.112

注：*标注为负向指标，即指标原始数据越大，得分越低；反之则得分越高。在进行指标体系得分计算时，已进行负向处理。

（三）数据来源

在金融消费者维度方面，金融知识、金融技能、金融态度三个指标数据通过《2017年消费者金融素养调查》《2017年金融消费者满意度调查》获得，覆盖本次评估工作中宁波各个区县（市）。问卷调查对象涉及不同的年龄、受教育程度、职业、户口所在地等，数据采集尽量做到准确、全面、专业。将环境评估的样本分布与宁波市统计年鉴中人口分布进行比较，如7-2表所示。其中在性别和受教育程度方面，基本上与宁波市的人口分布情况保持一致，证明金融消费者维度得分的问卷调查数据相对客观、有效。

表 7-2　2017年金融消费者满意度调查样本分布

项目	选项	样本量（人）	样本比例（%）	人口分布情况（%）
性别	男	142	45.81	49.70
	女	168	54.19	50.30
受教育程度	初中及以下	109	35.16	34.80
	高中、中专、技校	89	28.71	28.23
	大专	59	19.03	16.46
	大学本科及以上	53	17.10	20.51

在金融机构维度方面，数据主要来自四个方面：一是由宁波地区165家银行、证券、保险等金融机构填报的《金融机构调查问卷》。二是由人民银行宁波市中心支行开展的机构评估。三是来自《宁波市普惠金融试点评估课题报告（2016年）》中的相关数据。四是人民银行内部统计数据。

在监管机构①维度方面，数据来自宁波地区人大、政协、人民银行、银监局、证监局、保监局、市消保委、市公安局、市中级人民法院等政府部门及相关行业监管部门的《辖区金融消费权益保护环境评价调研表》反馈结果。

在社会环境维度方面，数据来源于宁波市统计局、人民银行统计数据（普惠金融指标数据），以及金融机构和监管部门提供的有关数据。

---

① 本报告为更确切地考察监管部门在金融消费权益保护环境中所发挥的作用，从广义上来加以界定，将能够对金融消费权益保护环境产生影响的部门均纳入监管部门范畴，既包括人民银行、银监局、证监局、保监局即"一行三局"这四个金融管理部门之外，还包括了地方政府、人大、政协、法院、公安和工商部门，同时，考虑到行业协会对加强金融机构自律的作用以及消费者维权组织对消费者权益保护的影响，将银行业协会、证券期货业协会、保险行业协会、市消保委也同时纳入监管部门的范畴。

三、评估结果分析

（一）整体情况分析

宁波地区金融消费权益保护总体水平逐年上升，三类主体均有提升，社会环境未有明显变化，地区间差异缩小。根据计算结果，2016年度宁波地区环境评估总体水平为81.2分，与2015年度77.4分的得分相比略有提升。结合往年的评估结果，宁波地区金融消费保护环境已连续三年稳步提升。此外，2017年金融消费者满意度调查反馈结果显示，消费者对金融消保工作总体情况评价得分为75.7分，同比提高2.1分，金融消保水平同比提升这一结论在消费者反馈方面得到验证。

从目标层指标上看，2016年度三类主体（金融消费者、金融机构、监管机构）水平均有一定程度的进步，其中监管机构得分最高，为91.8分，较2015年度提升了4.8分，说明监管机构在金融消保工作中表现较好；金融机构评估得分为87分，位列第二，较2015年度提升了3.7分；金融消费者评估得分为70.8分，进步最明显，较2015年度提升了6分。一个基础（社会环境）评估得分与上一年接近，2016年度为66.3分（见图7-1）。

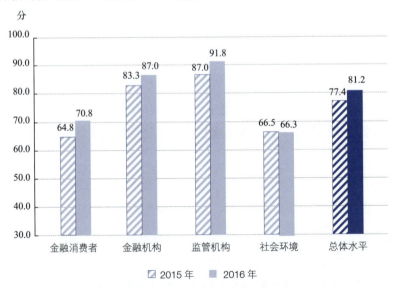

图 7-1　2015—2016年度宁波金融消费权益保护环境评估

从地区①得分情况看，2016年度宁波各区县（市）之间的差距不明显，金融消保水平较为接近，其中总体得分排名第一的是宁海县，为81.3分；象山县、开发区、奉化市、慈溪市、市区、余姚市等五个地区分列2~7位，得分在80.1~81.1分（见图7-2）。

图7-2 2015—2016年度各区县（市）环境评估得分

从年度比较上看，2016年度各区县（市）环境评估得分均有一定幅度提升，其中，象山县、慈溪市两个地区进步最为明显，同比分别提升了5.1分和4.4分；宁海县、余姚市、奉化市等三个地区较前一年提高了3分以上；开发区、市区两个地区为2015年度得分较高的地区，2016年度环境评估得分同比分别提升了2.9分和2.6分。

（二）金融消费者情况分析

金融消费者维度得分连续三年提升，金融技能进步明显，金融态度有所加强，象山县、余姚市、慈溪市进步较大。

在2016年度金融消费者维度下的三个准则层（指标层）指标中，金融技能得分最高，为74.8分，且相比前一年提升最明显，同比提高了12分，说明金融消费者对金融知识和金融消费权益保护知识的应用能力得到了显著的提高。2016年度金融态度得分为67.5，尽管在金融消费者的三个准则层指标中得分最低，但有一定程度的提升，较2015年度提高了8.9分，缩小了与

---

① 本报告将宁波区域分为市区（含海曙区、江东区、江北区、鄞州区，下同），开发区（含镇海区、北仑区、宁波保税区、大榭经济技术开发区、梅山保税港区下同）、慈溪市（包括杭州湾新区，下同）、余姚市、奉化市、宁海县和象山县进行分析。

其他两个指标的差距。金融知识得分与上一年持平，2016年度得分为71.4分（见图7-3）。

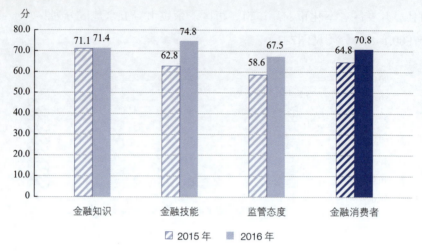

分

□ 2015 年　■ 2016 年

图7-3　2015—2016年度金融消费者维度得分

在金融知识方面，2016年度金融消费者在利率计算类和投资风险类题目的正确率同比有较大提升。金融消费者满意度调查问卷结果显示，2016年利率计算类题目正确率为84.2%，高于2015年同类型题目71.7%的正确率；2016年投资风险类题目正确率为79.4%，高于2015年同类型题目60.5%的正确率。在金融技能方面，2016年有37.7%的调查对象表示"在购买某项金融产品或服务时会仔细阅读合同条款"，这一比例在2015年仅有10.7%，说明金融消费者维权意识和维权主动性有所提升。

从地区得分情况看，2016年度金融消费者维度全市总体得分为70.8分。其中，余姚市、慈溪市、象山县、开发区四个地区得分超过全市总体水平，分别为74.7分、74.4分、72.4分、71.7分。与2015年比较，各区县（市）金融消费者得分均有不同程度的提升，其中象山县上升最为明显，提升17.3分；其他进步明显的地区还有：余姚市、慈溪市分别提升10.7分、10.8分；宁海县提升9.2分，奉化市提升8.2分，开发区提升5.4分。总体来看，宁波各地区金融消费者金融素养水平有一定程度提升，地区间差异逐步缩小（见图7-4）。

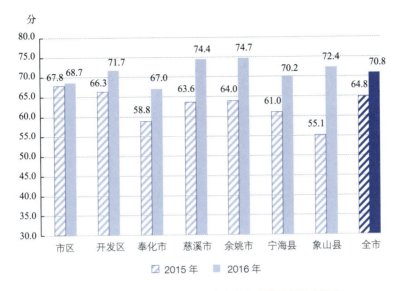

图7-4　2015—2016年度各区县（市）金融消费者维度得分

在图7-5至图7-7中，从金融消费者准则层指标上看，各地区水平呈现出了结构性上的差异。2016年度金融消费者得分最高的余姚市在准则层指标——金融知识和金融技能的得分分别是80.4分和79分，处于各地区中较高水平，但金融态度得分仅为65.4分，在各区县（市）中排名第六位。

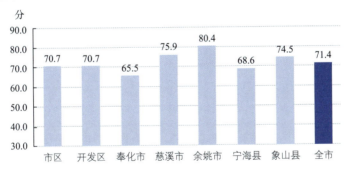

图7-5　2016年度各区县（市）金融知识得分

慈溪市和象山县在金融消费者得分上分列二、三位，两个地区的金融知识得分较高，分别为75.9分和74.5分。慈溪市金融态度得分为70.8分，为所有地区中最高，金融技能得分为77.5分，位居前列；象山县金融知识和金融技能得分较为均衡，分别是74.5分和76.3分。

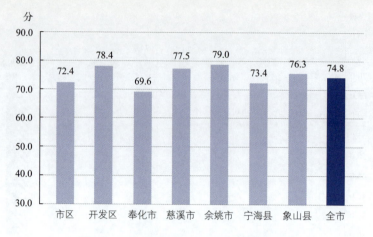

图7-6　2016年度各区县（市）金融技能得分

　　开发区在金融技能方面表现较好，2016年度得分为78.4分，排名第二；金融态度得分略高于全市平均水平，得分为68.6分；在金融知识方面有待加强，得分为70.7分，略低于全市得分。

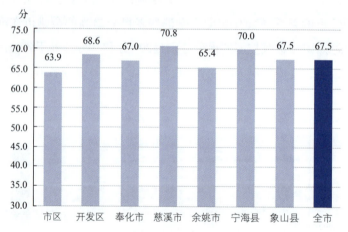

图7-7　2016年度各区县（市）金融态度得分

　　宁海县、市区和奉化市三个地区金融消费者维度得分较为接近，分别是70.2分、68.7分和67分。宁海县表现较好的是金融态度，2016年度得分为70分，而在金融知识和金融技能方面有待加强。奉化市和市区在金融态度方面有待加强，所在地区居民对金融基础知识和金融消保相关权益保护知识的学习主动性不足，有待进一步提高学习积极性。

（三）金融机构情况分析

金融机构维度得分有所提高，金融服务普惠性提升显著，地区间发展水平存在差异，市区、奉化市、宁海县得分较高。

从2016年度金融机构指标层得分上看，金融机构维度得分的提高主要得益于金融服务普惠性的显著提升。金融服务普惠性由2015年度的86.3分上升到2016年度的95.8分，提升了9.5分。内部保护机制和消费者权益保护措施2016年度得分分别是83.6分和78.6分，与前一年水平基本持平。金融机构尽管已经建立了较完善的金融消保制度，但在具体落实方面仍需进一步提高。在准则层指标得分分布上，金融服务普惠性得分最高，内部保护机制和消费者权益保护措施分列二、三位（见图7-8）。

图7-8　2015—2016年度金融机构维度得分

2016年度金融服务普惠性准则层下的三个指标层指标表现较好，其中普惠金融可得性、服务质量和使用情况得分分别为99分、98.1分和90.3分，相比前一年分别提高了5.7分、10.9分和12.6分（图7-9）。

图7-9　2015—2016年度金融服务普惠性得分

　　内部保护机制中，2016年度投诉处理办结率得分为100分，与2015年度一致，两年间所有金融消费投诉均已成功办结。制度建设情况和投诉处理流程完备性两个指标层指标得分略有下降，分别是65.4分和90.7分。2016年度金融消费权益保护机构评估结果显示，制度建设主要在金融消保经费预算落实情况和制度建设健全性两方面存在不足；投诉处理在流程公示、投诉相关资料保管等方面有待改进（见图7-10）。

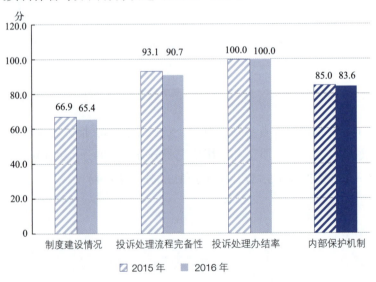

图7-10　2015—2016年度内部保护机制得分

消费者权益保护措施中，客户账户维护、特殊客户群体保护和义务履行等三个指标得分相对较高，分别为92.9分、86.9分和84.2分。"冷静期"合同占比得分为47.7分，同比提高了4.1分。宣传教育得分为63.4分，较前一年有所下降（见图7-11）。

图7-11 2015—2016年度消费者权益保护措施得分

从地区得分情况看，2016年度金融机构总体得分为87分，其中市区、奉化市、宁海县得分超过全市总体水平，分别为87.6分、87.5分和87.2分；象山县、开发区和慈溪市三个地区得分较为接近，介于83.4~84.7分。2016年度进步较为明显的地区有市区、慈溪市，分别同比提高了4.1分和3.8分，其他区县（市）均有一定程度的提升（见图7-12）。

图7-12 2015—2016年度各区县（市）金融机构得分

从金融机构准则层指标上看，金融服务普惠性存在地区差异。2016年度宁海县在金融服务普惠性的得分为97.7分，在所有地区中最高；奉化市得分为95.9分，在所有地区中排名第二。同一时期全市总体水平为95.8分，这两个地区的得分远高于其他地区水平，市区得分与全市总体水平持平。慈溪市、开发区、象山县得分较为接近，分别为91.9分、88.7分和88.4分（见图7-13）。

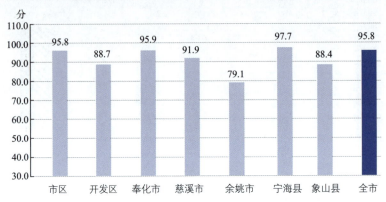

图7-13 2016年度各区县（市）金融服务普惠性得分

在内部保护机制和消费者权益保护措施两个指标方面，各地区的得分差异不明显，其中内部保护机制得分最高的是市区，得分为85.4分，与得分最低的慈溪市的79.7分仅相差了5.7分。从结果可以发现，各地区金融机构在内部保护机制差别不大，主要是因为内部保护机制均由各金融机构总部或分部制定，并由各分支机构及网点落实执行。各地区之间的差异主要来自于分支机构及营业网点是否能将制度落实到位（见图7-14）。

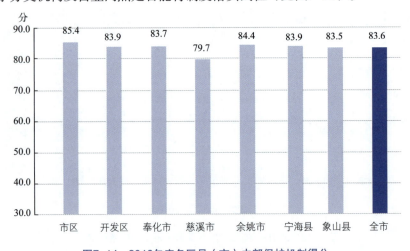

图7-14 2016年度各区县（市）内部保护机制得分

消费者权益保护措施表现最好的是象山县，2016年度得分为81.1分。余姚市、奉化市、市区的得分高于全市总体水平，分别为80.2分、80.0分和78.9分。开发区、宁海县、慈溪市等三个地区得分略微低于全市总体水平，但地区间差异不存在明显差异（见图7-15）。

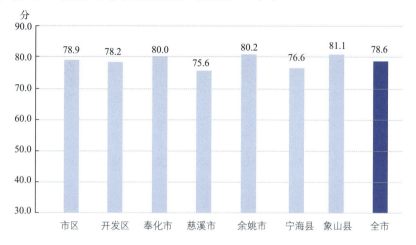

图7-15　2016年度各区县（市）消费者权益保护措施得分

（四）监管机构情况分析

监管机构维度得分进一步提高，金融消保制度、组织、机制等逐步完善，地区间水平趋于一致。

2016年度监管机构维度下有两个指标得分达到了100分，分别是制度环境和组织环境，其中制度环境提升了7分，组织环境与2015年水平保持一致。金融消费纠纷解决得分为78.1分，比前一年略有提升。相比较于其他维度，监管机构得分普遍较高，在金融消费保护中发挥作用较为明显（见图7-16）。

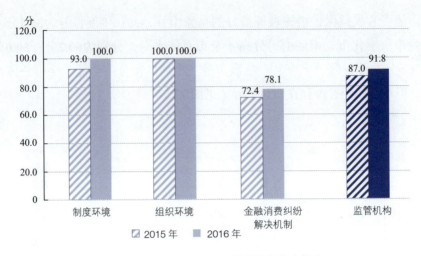

图7-16　2015—2016年度监管机构维度得分

制度环境中，一行三局制度完备性和检查涉及权益覆盖率在2015年度、2016年度得分均为100分。地方机关保护制度完备性由2015年度的75分上升到了2016年度的100分，主要得益于市市场监督管理局、公安等部门对金融领域中银行、证券、保险及其他有关行业涉及消费者权益保护制度的出台，以及对消费者八大权益保护情况的检查（见图7-17）。

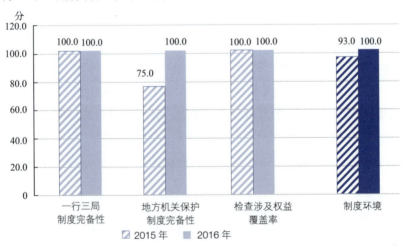

图7-17　2015—2016年度制度环境得分

组织环境中，相关单位保护组织成立情况、行业权益保护组织成立情况以及司法机关专门审判机制建设情况三个指标得分均为100分。评估调查显示，宁波地区的人民银行、银监局、证监局、保监局和市市场监督管理局均建立了专门的组织部门负责金融消费权益保护工作；宁波市中级人民法院在各区县（市）设立了金融审判庭或金融审判合议庭。

金融消费纠纷解决机制中，2016年度区域保护协调机制建设情况得分为100.0分，同比提高了11.8分。宁波地区的人民银行、银监局、证监局、保监局、市市场监督管理局建立了协作机制，进行数据共享，共同开展金融消费者教育，共同参与金融消费纠纷处理。在金融投诉满意率方面，满意率评价标准不尽统一，就所收集的数据来看，管理部门投诉处理满意率为90.6分，同比提高了10.5分，显示金融监管部门对金融纠纷投诉处理、调解能力的提升。第三方纠纷解决机制建立情况得分为60.0分，与前一年持平。监管部门间第三方纠纷解决机制有进一步完善的空间，整合和解、行政调解、仲裁、诉讼等多元化的纠纷化解机制有待建立（见图7-18）。

图7-18 2015—2016年度金融消费纠纷解决机制得分

由于监管部门的运行机制、落实政策、行政流程等在各地区之间没有较大差异，由监管部门成立的相关消保小组、部门间建立的相互协调机制等一旦设立，即在全市范围内施行并发挥作用。且各地区金融消保工作的落实需要由市一级监管部门统筹领导，因此各地区监管部门在金融消保方面的得分趋于一致，在此不做地区间比较分析。

（五）社会环境情况分析

社会环境维度得分与前一年持平，经济基础稳定，信用环境有待加强，地区间差异主要源于经济基础差异。

从评估结果上看，2016年度社会环境得分为66.3分，与上一年持平。社会环境维度下，经济基础得分为59.4分，信用环境得分为67.5分，得分与前一年基本保持一致（见图7-19）。

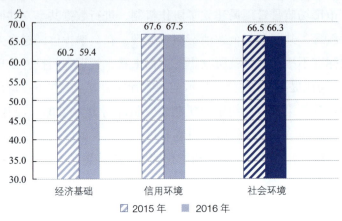

图7-19　2015—2016年度社会环境维度得分

经济基础中，2016年度人均国内生产总值（GDP）得分为88.8分，较前一年有所上升。统计数据显示，2016年宁波地区人均GDP为108459元/人，相比于2015年的102374元/人有所提升，经济发展态势良好，经济基础环境有一定改善。2016年度金融市场集中度得分为40.3分，比2015年度的45.0分低了4.7分。金融市场集中度衡量了宁波地区金融行业市场竞争的程度，2016年金融市场市场集中度有所上升（见图7-20）。

图7-20　2015—2016年度经济基础得分

信用环境中，2016年度主要个人贷款违约情况指标表现较好，两年间维持在99分左右的水平，反映社会整体个人信用状况良好。2016年度经济案件发生率得分为68.6分，较2015年度的87.5分下降了18.9分，经济案件发生数量有所上升。在征信建档方面，由于数据统计仅在市一级层面，并无分区县（市）的数据，因此各地区得分与全市得分做一致处理。其中，个人征信建档率为60分，同比上升8.5分，好于企业征信建档率的30.8分；社会征信建档建设有待进一步完善，尤其在企业征信建档方面需要提高（见图7-21）。

图7-21　2015—2016年度信用环境得分

2016年度奉化市得分为55.3分，在所有地区中排名第三，低于全市平均水平，但与2015年得分相比上升幅度明显，同比提高了7.6分。余姚市、慈溪市、象山县、宁海县四个地区2016年得分接近，较前一年略有下降（见图7-22）。

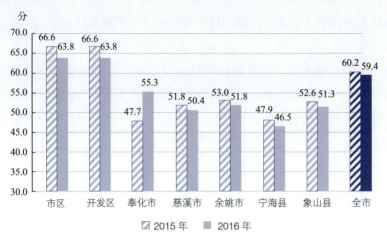

图7-22　2016年度各区县（市）经济基础得分

在信用环境方面，各地区差异不大，2016年度得分最高的为象山县和宁海县，分别为69.6分和69.4分（见图7-23）。

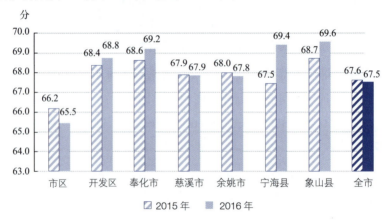

图7-23　2016年度各区县（市）信用环境得分

四、评估小结

（一）工作成效

1.金融消费者水平连续三年上升，金融知识运用能力增强

宁波地区金融消费者金融素养水平持续提升，其中2016年度金融技

能、金融态度提升最为明显，金融知识水平保持平稳。金融消费者金融素养水平的提高得益于辖区内不同规模的金融机构组织开展的各类金融知识普及活动。

监管机构统一部署，牵头金融知识普及宣传工作。人民银行宁波市中心支行积极推动"3·15金融消费者权益日""金融知识普及月""金融知识宣传主题月""金融普惠 校园启蒙"国民金融素质教育提升工程等活动；宁波银监局制定《2016年"金融知识进万家"宁波市银行业金融知识宣传服务月活动实施方案》《宁波银监局关于印发宁波市银行业"普惠金融服务提升年"活动方案》，有序推进金融知识普及活动；宁波证监局在180多家银行网点和150多家超市网点开展投资者防范非法证券期货宣传教育活动，加大对中老年投资者的宣传工作；宁波保监局搭建普法宣传联动平台，以宁波市保险行业学会主编的《宁波保险》为载体刊登普法文章，深化与宁波本地媒体的战略合作，开办"舒畅说保险"等专题栏目。

金融机构利用各类宣传主题活动走进企业、社区、学校、农村，通过实地宣传的方式向市民传播基础金融知识及金融消费权益知识，利用电视媒体、网络渠道等方式播放金融消费权益视频，向消费者发放宣传资料，取得了明显的成效。

2.金融机构金融服务普惠性显著提升

2016年度金融机构水平小幅上升，准则层指标中金融服务普惠性上升明显，内部保护机制和消费者权益保护措施两个指标得分稳定。金融普惠性的提高意味着普惠金融的使用情况、可得性、服务质量均有显著的提升，普惠金融环境得到改善，更多消费者将公平地参与到金融交易活动中。但同时也要认识到，若没有与之匹配的先进制度，将对金融消保工作造成巨大挑战。未来，需更好地平衡金融机构商业利益战略发展与金融消保制度建设，保障金融消费者金融交易安全，提高金融服务体验。

3.监管机构制度环境和组织环境趋于完善

在近两年的评估中，监管机构得分保持在较高的水平，尤其是制度环境和组织环境在2016年度得到完善。制度环境中，"一行三局"开展了对金融消费者八项权益保护情况的检查，相互建立金融消保协作机制。地方政府、人大、工商（含消保委）、法院、公安等部门出台相关制度，保障金融消费权益，实施检查、评估等管理措施。组织环境中，宁波市"一行三局"、市场监督管理部门等已成立专门的组织部门负责金融消保工作，辖区内银行业、证券业、保险业都已成立行业自律组织，各区县（市）已建立专门的金融审判机制。

4.社会环境经济基础发展平稳

社会环境得分总体上与前一年持平，准则层中经济基础得分同比持平，经济发展趋势平稳。在信用环境中，主要个人贷款违约情况保持在较好的水准，社会整体个人信用状况良好。

（二）发现问题

1.金融教育体系亟待建立，各类资源有效整合不足

金融知识的普及是一项长期的、系统的社会工程，涉及广泛的公众利益，金融消费者的广泛性和金融知识的专业性决定了推进该项工作需要政府部门、金融监管部门、金融机构、新闻媒体、社区组织等社会各界的通力合作。金融教育工作在某些方面还需努力：一是未建立金融教育组织协调机制。金融教育具有较强的专业性和基础性，仅依靠监管部门、金融机构举办教育宣传活动效果不明显，需要其他部门在活动的策划、实施、评估等方面进行联动。二是教育方式仍需创新。各监管机构和金融教育机构教育方式趋同，创新方式较少，宣传辐射面小，教育有效性还不够。

2.金融机构内部机制尚不完善，消保经验有待积累

金融机构在内部保护机制和消费者权益保护工作人员素质等方面需要进一步加强，主要原因是金融机构以盈利为目的的经营理念将会使得金融消费者的权益保护被置于次要位置。在内部保护机制方面，制度建设情况、投诉处理机制等仍需要改善，主要问题存在于两个方面：一是金融机构对金融消费权益保护实施专项经费预算要求的落实情况不理想。二是金融机构在个人金融信息保护、金融消保工作考核机制、内部监督和责任追究机制等制度建设方面仍不健全。消费者权益保护措施方面，适当性机制建立、告知说明义务履行和个人金融信息保护等需要进一步加强。人员素质方面，金融机构在金融消费纠纷处理方面

还缺少系统的、可供借鉴的经验与范本，相关的专项培训不足，负责金融消保相关工作的人员在该领域的能力也有待提高。

3.金融纠纷解决机制需要加强，影响范围亟待扩大

在监管机构维度方面，金融消费纠纷解决机制得分相对较低，主要表现为第三方纠纷解决机制覆盖有限、管理部门投诉处理满意率需要提高等。一是解决机制需要完善。目前宁波市金融消费纠纷人民调解委员会已经取得了一定的成绩，能够较好发挥纠纷调解的作用。但法律地位、组织框架等机制和体系需要进一步明确，更便捷有效的纠纷调解机制也需要进一步探索。二是目前金融消费者和金融机构对金融纠纷解决机制的认识不足，对机制流程不熟悉，尚未养成主动利用纠纷解决机制的习惯。

4.金融行业竞争度下降，信用环境需要进一步优化

社会环境的问题主要表现在金融业地区垄断加剧，以及社会整体信用环境建设力度不足。在经济基础中，金融市场集中度得分有所下降，表明宁波地区金融机构集中度的提高。通常情况下，金融行业集中度越高意味着金融行业垄断程度更高，加上金融业同质化竞争明显，不利于金融消费保护环境的改善。

在信用环境中，个人征信建档率有所提高，但仍有较大的改善空间。需要关注的是企业征信建档率出现了下降，主要原因是在工商登记的新注册企业数量上涨明显，但并未及时覆盖征信建档。在经济案件发生情况方面，由于经济增速放缓，企业杠杆率长期偏高，过度投资行为加剧，产业转型艰难，导致逃废债、涉税、合同诈骗、转销等经济类犯罪发生情况有上升趋势，需加强治理，防范打击经济犯罪。

五、政策建议

（一）构建金融教育体系，有效整合资源组织金融知识普及活动

一是设立专门的金融教育机构，构建覆盖广、易获得、专业性强的金融消费者教育体系。制定金融教育战略，由专门的监管机构牵头，金融教育机构执行具体工作。如OECD构建了国际金融教育网络（INFE）、英国

成立了消费者金融教育局（后更名为"财富咨询服务中心"，MAS）、中国香港设立有投资者教育中心。

二是定期开展金融消费者金融素养调查。通过金融素养调查，综合使用定性和定量结合的分析方法，科学设定评价指标，建立标准化、常态化、制度化的金融知识评估体系，将有助于及时跟踪金融消费者自身金融素养水平，不断改进金融知识普及的方式和内容，强化金融知识普及效果。如INFE开展的《OECD/INFE成年人金融素养能力调查报告》、英国MAS开展的《15—17岁青少年金融能力调查报告》。

三是将金融知识普及纳入青少年义务教育阶段课程内容。如英国教育部在2013年新修订的国家课程大纲中将薪水、税务、信贷、金融风险以及更为复杂的金融产品和服务等方面的知识纳入了课程要求。目前宁海县在全县中小学试点推动金融知识进课程工作已取得了阶段性成果，将在鄞州区、慈溪市、余姚市开展试点。未来，可以将试点范围逐步推广至全市，让更多的中小学生能够获得金融教育的机会。

四是加强金融态度的培养，重点在于培养金融消费者自主学习金融知识的意识。随着金融市场逐渐扩大，金融产品层出不穷，金融知识的普及速度会稍显落后于金融创新的速度，因此，仅依靠集中性金融普及活动已无法满足消费者金融知识的获取需求。相对于被动接受外界信息，培养消费者自主学习意识更有利于发挥消费者群体的主观能动性。

五是借助新闻媒体、电视、网络加大在公共领域的宣传、教育力度。积极搭建金融消费者教育平台，开设公众教育服务场所，利用免费咨询电话、网站、官方微博、报刊、广播、电视等各种方式向社会公众提供金融知识，吸引更多的金融消费者主动参与、持续参与金融教育活动，增强金融消费者风险防范能力，帮助金融消费者提高风险意识，避免过度维权，理性从事金融消费。如CFPB设立了网站专栏普及金融消费课程，美联储及其地区储备银行也会不定期举办论坛或讲座传播金融知识；澳大利亚搭建了Money Smart网站等。

（二）金融机构顶层设计亟待完善，加强金融机构工作行为规范

一是进一步增强金融机构金融消保意识，对金融机构在经营机制方面进行流程再造。金融机构要牢固树立金融消保意识，打造良好的企业文

化，在内部建立健全金融消费者纠纷解决机制，明确专门负责金融消保工作的内部组织机构，制定消费者权益保护流程管理机制，推出相应的评价和奖惩机制，落实各项金融消费保护措施。

二是完善适当性制度建设，将合适的金融产品和服务提供给适当的金融消费者。建立健全金融机构涉及金融消保工作的事前协调、事中管控和事后监督机制，确保在金融产品和服务的设计开发、营销推介及售后管理等各个业务环节有效落实金融消费权益保护工作的相关要求和规定。根据金融产品和服务的特性评估其对金融消费者的合适度，合理划分金融产品和服务风险等级以及金融消费者的风险承受能力等级。

三是加强金融机构对金融产品和服务信息的披露义务。对相关信息要主动进行公示，特别是要以显著方式告知消费者收费项目及标准、注意事项和风险警示、售后服务、民事责任等与金融消费者有重大利害关系的内容，保障消费者知情权、选择权。

四是加强格式合同管理。落实银行的说明提示义务，在合同办理过程中，建议银行对可能存在争议风险的事项以醒目方式做出书面提示，并在业务办理过程中加强对金融消费者的指导。

五是加大对金融机构金融消保从业人员的培训力度，定期或不定期组织开展形式多样的培训活动，促进金融机构掌握必要的消保技能和维权能力，加强员工自身业务规范，完善职业技能。改进信息披露方式，充分保障消费者八大权益。

（三）整合金融监管机构各类资源，完善纠纷解决机制

一是统筹协调各监管机构在金融消保领域的推进工作。吸收"一行三局"、各类非金融监管机构、各类行业自律组织以及各金融机构、专业研究人员以及金融消费者代表，共同参与金融消保工作，通过建立协商机制、处理流程，形成监管合力，多元化体现各方利益诉求。

二是整合培训、宣传资源。提供统一的培训活动，开展消费者权益保护政策法规解读、投诉处理、客户沟通技巧、考核评估、宣传教育等消保重点工作的业务或技能培训。由金融监管机构提供统一宣传资料，包括阅读手册、海报、宣传视频等，利用金融机构网点渠道优势传达至金融消费者。如美国监管机构要求金融机构提供的要求所有金融产品和服务的说明

需能够被金融消费者理解，并制定了不合理行为的清单；其他国家的监管机构（如玻利维亚、马来西亚、墨西哥、巴基斯坦、秘鲁）要求事前审批消费者合同，以阻止金融机构行为滥用。

三是探索建立、完善纠纷解决机制，提升金融纠纷调解机制宣传力度。明确纠纷解决机构的法律地位、适用范围、治理框架、运作程序，保证运行独立性、易获得性、高效性和公平性，建立"线上+线下"争议解决平台，构建"投诉—调解—裁决"一站式争议解决机制模式。加强投诉处理分类管理，建立投诉数据库，定期编制包含投诉事件和投诉处理认定等内容的典型案例并对外发布。

（四）加强社会诚信构建，提升征信建档普及率，防范经济案件发生

一是加大信用建设力度。推动将地方信用体系建设发展情况和信用环境改善作为重要内容，纳入各区县（市）目标管理考核中。扩大企业征信覆盖范围，提升企业自主参与信用体系建设意识。

二是科学研判，有效提升经济类犯罪预防水平。提高综合治理能力，不断强化经济类犯罪涉案工作处理。打击逃废债工作，优化金融生态。

三是做好舆论引导工作。充分发挥新闻和媒体的作用，加强诚信文化教育，全方位普及诚信和信用知识，构造良好社会诚信氛围。

附录

环境评估指标说明
（以2017年环境评估为例）

一、金融消费者

金融消费者是金融市场中购买、使用金融机构提供的商品或接受金融机构提供服务的主体。由于信息不对称和非理性行为的存在，加之金融交易本身存在交易标的无形化、交易内容信息化、交易条款格式化、交易形式电子化、销售方式高度劝诱性以及金融业天然垄断性和高度的行业利益认同等特殊性质，金融消费者在金融交易过程中往往处于较为弱势的地位。通过金融教育提升金融素养将有助于改善金融消费者的弱势地位，提高金融消费者理性辨别金融产品能力，提高金融决策有效性，从而达到保护自身权益的目的。综合考虑美国、英国及经合组织国家在金融教育开展过程中的经验，本次环境评估中沿用了往年金融知识、金融技能、金融态度三个准则层指标。考虑到金融知识运用和金融权益保护两者联系密切，因而不再对准则层下的指标层指标进行区分，金融知识、金融技能、金融态度三个指标也作为各自的指标层指标。

1.金融知识

金融消费者对金融基础概念、金融产品知识以及服务获取方式等的熟悉程度，以及对安全权、知情权、选择权、公平交易权、受教育权、隐私权、监督权等权益的了解程度。

2.金融技能

金融消费者通过搜集金融信息、开展金融规划、评估金融风险来管理自身或家庭金融资源的能力，以及通过自我提升、消费维权等手段来维护自身权益不受侵害的能力。

3.金融态度

金融消费者投入时间了解金融知识、提升金融能力的意愿，以及在消费金融产品过程中对相应权益的主动关注度。

二、金融机构

金融机构是金融产品和金融服务的提供方，是金融消费权益保护的主要参与者。金融机构为金融消费者提供获得金融服务的必要条件，金融机构的内部管理以及具体的金融消费权益保护措施更是直接影响了金融消费权益保护环境的能力。

（一）金融服务普惠性

金融服务的普惠性是指金融机构提供的可供金融消费者选择的设施、产品、服务的便利性，反映了金融机构提供服务的广度。本次环评工作中该指标层指标数据基于《中国普惠金融指标体系（2016年版）》计算获得，但删除了其中与环评指标体系中已有指标重复的内容。

1.使用情况

使用情况主要指消费者使用金融机构提供的各类产品和服务的情况，包含账户普及度、银行卡、非现金支付、数字交易、信贷水平以及保险服务。

2.可得性

可得性主要指消费者能够获得金融机构提供的金融产品和服务的便利程度，包含银行网点覆盖情况、ATM和POS机拥有情况、具有融资功能的非金融机构覆盖情况，以及金融从业人员数量、借记卡每万人拥有数量等。

3.质量

质量主要衡量信贷障碍。

（二）内部保护机制

内部保护机制是金融机构通过建立和完善内部制度等方式加强金融消

费权益保护的重要措施，是金融消费权益保护的内部"规范导向"手段。

1.制度建设情况

考量金融机构在机构评估中机制、机构、人员、制度等四个方面的建设情况。

2.投诉处理流程完备性

考量金融机构在机构评估中自身受理处理投诉情况和配合监管机构受理处理投诉情况。

3.投诉处理办结率

在规定的时效内处理完毕的投诉事件占全部投诉事件的比例。

（三）消费者权益保护措施

消费者权益保护措施直接反映金融机构在保护金融消费者安全权、知情权、自主选择权、公平交易权、依法求偿权、受教育权、受尊重权、信息安全权等方面采取的具体措施，是金融机构在实际工作中落实金融消费权益保护的保障。

1.义务履行

考量金融机构在机构评估中义务履行情况，金融机构的义务履行内容包括保障金融消费者八大权益方面的履行情况。

2.教育宣传

考量金融机构在机构评估中的教育宣传情况，教育宣传主要衡量基本架构、集中性金融消费者教育活动开展情况、日常性金融消费者教育活动开展情况。

3."冷静期"合同占比

长期储蓄性质或者高风险的金融产品或者金融服务合同中具有"冷静期"条款的合同数量占长期储蓄性质或者高风险的金融产品或者金融服务合同数量的比例。在"冷静期"期间，消费者可无条件接触合同，享有单方的撤销权，而不必承担任何违约责任并有权收取全额货款。它反映金融机构对金融消费者公平交易权的保护。

4.特殊客户群体保护

有针对（老弱病残等）特殊客户群体的人性化服务措施的网点数占全部网点数的比例。对特殊客户群体的无障碍环境建设和个性化服务，是体现金融机构对金融消费者受尊重权的保护。

5.客户账户维护

定期主动为客户提供账户交易信息的金融机构占全部金融机构的比例。它反映了金融机构对金融消费者财产安全权和知情权的保护。

三、监管机构

监管机构作为金融消费权益保护环境中的重要主体，通过制定政策、确定规范、加强调控等措施来实施监管职能，影响和指导金融机构实施金融消保措施。

（一）制度环境

监管机构制定的金融消保制度的完备性和执行情况是评估工作开展的必要条件。

1."一行三局"制度完备性

辖区内人民银行分支机构、银监局、证监局、保监局是否出台保护金融消费权益制度，出台的保护制度涵盖范围是否涉及银行、证券、保险以及其他与金融有关的行业，出台的保护制度是否覆盖相关的金融消费权益。

2.地方机关保护制度完备性

地方人大、政府、工商（含消保委）、法院、公安等部门是否出台金融消保制度或文件，出台的保护制度涵盖范围是否涉及银行、证券、保险以及其他与金融有关的行业，出台的保护制度是否覆盖相关的金融消费权益。

3.检查涉及权益覆盖率

考量"一行三局"是否开展过金融消费权益保护检查，以及实施评估等其他管理措施，检查范围是否覆盖相关的金融消费权益。

（二）组织环境

各监管机构成立专门的保护组织，提供充分的人力资源保障是金融消保制度落实的关键。

1.相关单位保护组织成立情况

"一行三局"、工商部门成立的保护金融消保领导小组、责任部门之类的组织的比例。

2.行业权益保护组织成立情况

在区域内成立行业自律组织的金融行业占全部金融行业的比例。

3.司法机关专门审判机制建设情况

法院成立的金融审判庭、金融审判合议庭等专门审判机制。

（三）金融消费纠纷解决机制

协调一致的纠纷解决机制是化解消费纠纷、维护社会稳定的重要方式，科学的金融纠纷解决机制是良好的金融消费权益保护环境的重要保障。

1.第三方纠纷解决机制建立情况

银、证、保行业组织形成和解、行政调解、仲裁、诉讼多元化的纠纷化解机制的比例，以及成立金融消费纠纷第三方调解机制的比例。

2.区域保护协调机制建设情况

"一行三局"、工商（含消保委）书面实际签订的协作机制与应建立的协作机制的比例。进行数据共享，共同开展金融消费者教育，共同参与金融消费纠纷处理等情况。

3.管理部门投诉处理满意率

"一行三局"、工商（含消保委）向金融机构转办或调解结案的金融消费投诉中消费者满意率。

四、社会环境

社会环境是指除金融消费者、金融机构和监管机构以外的其他一些重要影响因素，是金融消费权益保护环境评估的"基础要素"。

（一）经济基础

经济基础反映一个地区的经济总量规模、结构关系及政府调度资源并投入建设的经济可行性，反映金融消费权益保护三大主体所处的地区经济发展状况，是构成社会环境的重要组成部分。

1.人均国内生产总值

宁波全市及7个区县（市）的国内生产总值除以常住人口数。它是衡量地区经济发展状况的指标，是最重要的宏观经济指标之一。

2.金融市场集中度

宁波全市及7个区县（市）各个前5金融机构的资产总额（分行政区）占全市及7个区县（市）金融机构资产总额的比例，是一个反向指标。

（二）信用环境

在社会交往和经济交易过程中，失信行为具有"外在性"和"传染性"，需要建立一个全社会范围内的诚信体系来进行监测，从而保护金融消费权益。

1.个人征信建档率

宁波全市及7个区县（市）个人征信建档率。个人信用档案建档率反映了个人信用体系建设覆盖面，体现社会诚信体系完备程度。

2.企业征信建档率

宁波全市及7个区县（市）企业征信建档率。企业信用档案建档率反映了企业信用体系建设覆盖面，体现社会诚信体系完备程度。

3.主要个人贷款违约情况

当年住房贷款、个人消费贷款和信用卡逾期未还款人数占以上业务客户数的比例。主要个人贷款违约情况能够反映出某地区居民的金融诚信度，是一个反向指标。

4.经济案件发生率

宁波全市及7个区县（市）三年中经济案件的发生比率。该指标越高，说明经济案件发生越频繁，是一个反向指标。

参考文献

[1]乔治·考夫曼.现代金融体系［M］.经济科学出版社，2001.

[2]廖岷. 对危机后银行业"行为监管"的再认识［J］.金融监管研究 2012(01)，64-74.

[3]廖岷.银行业行为监管的国际经验、法理基础与现实挑战［J］.上海金融2012(03)，61-65+118.

[4]张骏.英国金融消费者保护体系对中国的借鉴［J］.银行家2008(03)：120-121.

[5]周良.论英国金融消费者保护机制对我国的借鉴与启示［J］.上海金融2008(01)，65-67+35.

[6]高田甜、陈晨.基于金融消费者保护视角的英国金融监管改革研究［J］.经济社会体制比较2013(03)，47-56.

[7]谢松松、周锋.金融消费者保护基本问题研究［J］.证券市场导报2012(10)，14-21+26.

[8]于春敏.金融消费者的法律界定.上海财经大学学报2010(04)，35-42.

[9]杨霞、崔兵、尹华阳.从金融业的发展看金融监管的必要性.湖北社会科学2004(03)，101-102.

[10]孙天琦.金融消费者保护:市场失灵、政府介入与道德风险的防范［J］.经济社会体制比较2012(02)，203-211.

[11]张幼芳.金融消费者的认知偏差与保护路径探讨［J］.福建论坛(人文社会科学版)2015(01),38-41.

[12]裴平、张谊浩.中国股票投资者认知偏差的实证检验［J］.管理世界2004(12),12-22.

[13]赵静梅、吴风云.非理性的博弈:行为金融学视角的证券监管［J］.宏观经济研究2008(12),57-63+74.

[14]王华庆.完善金融消费权益保护机制［J］.中国金融2012(22),10-12.

[15]王华庆.加强金融消费权益保护［J］.中国金融2013(8),9-11.

[16]俞达、刘墨海.金融素质教育的国际经验［J］.中国金融2014(10),58-59.

[17]邹瑾.从国外金融教育看我国保险消费者教育［J］.西南金融2012(12),63-65.

[18]王宇熹、杨少华.金融素养理论研究新进展［J］.上海金融2014(03),26-33+116.

[19]中国人民银行济南分行金融研究处课题组.金融消费者风险告知与处理情况问卷调查分析报告［J］.金融发展评论2011(12),144-154.

[20]周弘.风险态度、消费者金融教育与家庭金融市场参与［J］.经济科学2015(01),79-88.

[21]朱涛、吴宣文、李苏乔.金融素养与风险态度——来自微观调查数据的实证研究［J］.科技与经济2016(01),62-66.

[22]叶建勋.金融消费者的概念及内涵［J］.浙江金融2012(07),17-19.

[23]刘鹏.金融消费权益保护:危机后行为监管的发展与加强［J］.上海金融2014(04),71-77+118.

[24]梁涛.中外金融消费者保护水平比较分析［J］.金融经济学研究2014(05),46-56.

[25]郭田勇、丁潇.普惠金融的国际比较研究——基于银行服务的视角［J］.国际金融研究2015(02),55-64.

[26]周顺兴、林乐芬.银行业竞争提升了金融服务普惠性吗?——来自江苏省村镇银行的证据［J］.产业经济研究2015(06),11-20.

[27]刘贵生、孙天琦、张晓东.美国金融消费者保护的经验教训［J］.金融研究2010(01),197-206.

[28]焦洪宝.论网络金融背景下金融消费安全的法律保护［J］.特区经济2012(06), 243-245.

[29]马国泉.金融消费者保护的信息经济学分析［J］.湖南科技大学学报(社会科学版)2011(03), 67-70.

[30]刘晓菊.香港金融消费者权益保护体系的经验与借鉴［J］.南方金融2014(02), 46-48.

[31]中国人民银行宁波市中心支行课题组、宋汉光、王靖国.金融消费权益保护环境评估研究——以宁波为例［J］.金融发展评论2014(12), 61-74.

[32]李扬.中国城市金融生态环境评价[M].人民出版社，2005.

[33]魏后凯.中国地区发展:经济增长、制度变迁与地区差异[M].经济管理出版社，1997.

[34]林毅夫、蔡昉、李周.中国的奇迹：发展战略与经济改革[M].格致出版社，2014.

[35]王绍光,胡鞍钢.中国：不平衡发展的政治经济学[M].中国计划出版社，1999.

[36]汤姆·R.伯恩斯.结构主义的视野:经济与社会的变迁[M].社会科学文献出版社，2000.

[37]樊纲、王小鲁、张立文、朱恒鹏.中国各地区市场化相对进程报告［J］.经济研究2003(03), 9-18+89.

[38]杨成珍、张国祥.论社会诚信制度体系建设［J］.湖北社会科学2013(08), 58-61.

[39]杨昀.个人助学贷款违约分析及对策建议［J］.中国外资2010(2), 153-153.

[40]宋军,吴冲锋.基于分散度的金融市场的羊群行为研究[J].经济研究, 2001(11):21-27.

[41]Adams, P., Hunt, S., Palmer, C., & Zaliauskas, R. Attention, Search and Switching: Evidence on Mandated Disclosure from the Savings Market. FCA Occasional Paper, 2016. (19).

[42]Akinbami, F. Financial services and consumer protection after the crisis. International Journal of Bank Marketing, 2011. 29(2), 134-147.

[43]Ardic, O. P., Heimann, M., & Mylenko, N. Access to financial services

and the financial inclusion agenda around the world: a cross-country analysis with a new data set. World Bank Policy Research Working Paper Series.2011.

[44]Baker, H. K., & Nofsinger, J. R. Behavioral finance: an overview. Behavioral Finance: Investors, Corporations, and Markets, 2010. 1-21.

[45]Baldwin, R., Cave, M., & Lodge, M.Understanding regulation: theory, strategy, and practice. Oxford University Press on Demand. 2012.

[46]Barr, M. S., Mullainathan, S., & Shafir, E.Behaviorally Informed Home Mortgage Regulation. 2008.

[47]Brambley, W., & Collard, S.Saving Us From Ourselves – How Can We Make The UK More Financially Resilient? True Potential Centre for the Public Understanding of Finance, Open University, Milton Keynes. 2015.

[48]Collard, S. Toward financial inclusion in the UK: Progress and challenges. Public Money and Management, 27(1), 13-20. 2007.

[49]Demirgüç-Kunt, A., Klapper, L. F., Singer, D., & Van Oudheusden, P. The Global Findex Database 2014: measuring financial inclusion around the world. World Bank Policy Research Working Paper, 2015. (7255).

[50]Dolan, P., Elliott, A., Metcalfe, R., & Vlaev, I.Influencing financial behavior: From changing minds to changing contexts. Journal of Behavioral Finance, 2012. 13(2), 126-142.

[51]Diniz, E., Birochi, R., & Pozzebon, M. Triggers and barriers to financial inclusion: The use of ICT-based branchless banking in an Amazon county. Electronic Commerce Research and Applications, 2012. 11(5), 484-494.

[52]Ferrell, O. C. Business ethics and customer stakeholders. The Academy of Management Executive, 2004. 18(2), 126-129.

[53]Financial Inclusion Commission. "Financial inclusion: Improving the financial health of the nation." Financial Inclusion Commission, (2015).

[54]Fishleigh, J. Is someone watching you? Data privacy and protection: current issues. Legal Information Management, 2015. 15(01), 61-69.

[55]Gangopadhayay, S. How can technology facilitate financial inclusion in India? A discussion paper. Review of Market Integration, 2009. 1(2), 223-256.

[56]Grosse, R. Bank regulation, governance and the crisis: a behavioral

finance view. Journal of Financial Regulation and Compliance, 2012. 20(1), 4-25.

[57]Herring, R., & Carmassi, J.. The Structure of Cross Sector Financial Supervision. Financial Markets, Institutions & Instruments, 2008 17(1), 51-76.

[58]HM Treasury Reforming financial markets. White Paper Cm, 2009. 7667, 80.

[59]Hortaçsu, A., & Syverson, C. Product differentiation, search costs, and competition in the mutual fund industry: A case study of S&P 500 index funds. The Quarterly Journal of Economics, 2004. 119(2), 403-456.

[60]Howells, G. The potential and limits of consumer empowerment by information. Journal of Law and Society, 2005. 32(3), 349-370.

[61]Jones, P. A. From tackling poverty to achieving financial inclusion—The changing role of British credit unions in low-income communities. The Journal of Socio-Economics, 2008. 37(6), 2141-2154.

[62]Khan, M. M., & Fasih, M. Impact of service quality on customer satisfaction and customer loyalty: Evidence from banking sector. Pakistan Journal of Commerce and Social Sciences, 2014.8(2), 331-354.

[63]Khorana, A., Servaes, H., & Tufano, P. Mutual fund fees around the world. The Review of Financial Studies, 2008. 22(3), 1279-1310.

[64]Kpodar, K., & Andrianaivo, M. ICT, financial inclusion, and growth evidence from African countries (No. 11-73). International Monetary Fund.2011.

[65]Lewis, S., & Lindley, D. Financial Inclusion, Financial Education, and Financial Regulation in the United Kingdom. (October 12, 2015). ADBI Working Paper 544. 2015.

[66]Llewellyn, D. The economic rationale for financial regulation. London: Financial Services Authority.1999.

[67]Long, M., & Vittas, D. Financial regulation. Changing the rules of the game, World Bank Policy Research Working Paper, WPS0803, November.1991.

[68]Malhotra, N., & Mukherjee, A. Analysing the commitment–service quality relationship: a comparative study of retail banking call centres and

branches. Journal of Marketing Management, 2003. 19(9-10), 941-971.

[69]Marshall, J. N. Financial institutions in disadvantaged areas: a comparative analysis of policies encouraging financial inclusion in Britain and the United States. Environment and Planning A, 2004. 36(2), 241-261.

[70]Mitton, L. Financial inclusion in the UK: Review of policy and practice. York: Joseph Rowntree Foundation.2008.

[71]Neuberger, D. "Industrial organization of banking: A review." International Journal of the Economics of Business 5.1 (1998): 97-118.

[72]Parwada, J. T., Lau, K., &Ruenzi, S. "The Impact of Pillar 3 Disclosures on Asymmetric Information and Liquidity in Bank Stocks: Multi-Country Evidence." (2015).

[73]Ring, P. J. Analysing the reform of the retail financial advice sector in the United Kingdom from an agencement and performativity perspective. Competition & Change, 2015. 19(5), 390-405.

[74]Rutledge, S. L. Consumer protection and financial literacy: lessons from nine country studies. Policy Research Working Paper, 2010. 5(1), 20–27.

[75]Szyszczak, E. Financing services of general economic interest. The Modern Law Review, 2004. 67(6), 982-992.

[76]Taylor, M. "Twin Peaks": A Regulatory Structure for the New Century (No. 20). London: Centre for the study of financial innovation.1995.

[77]Vandekerckhove, W. Whistleblowing and Information Ethics: Facilitation, Entropy, and Ecopoiesis. Journal of Business Ethics, 2016. 1-11.

[78]Webb, D. A., & Jagun, A. Customer care, customer satisfaction, value, loyalty and complaining behaviour: validation in a uk university setting. 1997. 139-151.

[79]Wymeersch, E. The structure of financial supervision in Europe: about single financial supervisors, Twin Peaks and multiple financial supervisors. European Business Organization Law Review, 2007. 8(02), 237-306.

[80]Zelizer, V. A. R. The social meaning of money. Princeton University Press. 1997.

后 记

　　2014年宁波成为中国人民银行金融消费权益保护环境评估试点地区以来，人民银行宁波市中心支行连续4年开展了金融消费权益保护环境评估工作，在各方大力支持下，此次得以将期间的实践与思考和各年度评估报告整理出版。借此机会，希望对过去四年的工作做一个较为全面的总结，回顾相关工作的推进情况，总结评估经验，以持续推进环境评估这项工作，与机构评估、产品评估一起，构建起较为完整的非现场评估监测体系。

　　总体而言，经过四年的积累，环境评估已经从探索、完善，逐步发展到了相对成熟的阶段。

　　第一，在组织架构上，我们探索建立了内部工作机制，成立了由行长任组长的领导小组和6个研究工作组，汇聚全行金融、法律、统计、消费者保护各领域的业务骨干，集中力量完成试点工作。之后三年，除了依托宁波市金融消费权益保护工作联席会议，还逐步引入第三方力量，与宁波诺丁汉大学开展了全方位、深层次的合作，并积极发挥宁波市金融消费权益保护协会的作用，逐渐形成了一个以第三方单位为"考官"的评估机制，不断提升环境评估的科学性、专业性和客观性。

　　第二，在机制建设上，建立了信息共享和定期交流机制。课题组成员定期召开讨论会，相互通报课题最新进展，对课题相关数据、资料、信息进行实时共享，增强了课题组成员之间的协同性。在理论框架构建、指标体系完善、数据结果分析等阶段，广泛听取中心支行内部各处室建议，在充分讨论、理解的基础上尽可能采纳吸收；在理论基础、指标体系、模型构建和问卷设计以及项目的各阶段，与学术界和实务界人士进行充分的交流与讨论。

第三，在评估思路上，对评估框架进行充分检验和不断改进。试点初期，以优化区域金融消费权益保护环境为目标，从三类主体（金融消费者、金融机构、监管机构）和一个基础（社会环境）的维度，构建基本的评估思路和总体框架。四年来，通过与人民银行各地分支机构以及宁波诺丁汉大学的广泛交流，通过其他地区借鉴参考后的应用情况和反馈，全方位检验了目前的评估思路和评估框架。这一点也得到了人民银行总行的认可，宁波的评估模式与另一个试点城市长沙一起，被作为两套基本评估方法在全国不同地区推广。

第四，在评估方法上，不断完善模型方法、指标体系和数据采集方式。2016年探索运用DEA分析"投入""产出"双向反馈指标，通过度量金融消费者的满意度验证了评估方法的适当性。在评估指标上，不断尝试完善具体指标，指标数量从初期的50个充实到最多时的63个，又精简到2017年的29个。目前的指标体系更符合科学性、代表性、聚焦性、可操作性、独立性、层次性、动态性等要求。在数据采集上，每年运用问卷调查的形式搜集数据，问卷发放方式做到了实地发放与网络调查相结合，既提高了效率，也扩大了样本覆盖面，提升了样本覆盖的合理性。四年来，已累计完成问卷超过14000份，金融机构、高校、普惠金融青年志愿者等纷纷参与到问卷设计、样本测算、数据整理等各个环节中，极大提升了工作效率。同时，不断融合消费者金融素养调查、普惠金融指标体系、金融消费权益保护机构评估等方面工作的成果，提升了数据的可得性、真实性和准确性。

在整个研究过程中，课题组得到了来自多方的大力支持，在此一并表示感谢。

感谢上海黄金交易所焦瑾璞董事长、中国人民银行金融消费权益保护局余文建局长、朱红副巡视员，人民银行杭州中心支行王靖国副行长以及金融消费权益保护局其他领导对环评工作的直接指导与帮助，指明了环境评估研究的方向。

感谢宁波市人大常委会财经委、宁波市人民政府办公厅、宁波市中级人民法院、宁波市工商局、宁波市银监局、宁波市证监局、宁波市保监局、宁波市消费者权益保护委员会、宁波银行业协会、宁波市证券期货业协会、宁波市保险业协会等单位以及宁波市电视台、各大报纸和新闻网络媒体提供的支持。

感谢宁波市各家金融机构积极组织和参与环境评估数据调研，主动配合课题组开展消费者金融素养调查、金融消费者满意度问卷调查，感谢宁波诺丁汉大学志愿者参与问卷调查的发放和收集工作，为全面分析环境评估中金融消费者情况提供了翔实的数据。

感谢宁波市金融消费权益保护协会对本报告的写作、发布等工作提供的支持。

四年来，课题组一直在不断完善和改进环境评估的机制、方法，并对评估工作进行了创新与改进，但受能力和精力所限，书中难免存在不足之处，恳请读者指正，我们将认真听取，并不断完善和持续推进环境评估工作。

宁波金融消费权益保护环境评估课题组

2018年7月